Günter Krause

# Hallesche Jeschichten

im Dialekt erzählt

Mit einer Einführung von Professor Manfred Lemmer

Salzverlag Halle

ISBN 3-910185-002
Titelbild "Der Erzähler", 1986, von Professor Hannes Wagner,
mit freundlicher Genehmigung
Abbildung Umschlaginnenseite vorn: Portrait des Autors
Umschlaggestaltung Frauke Lewerenz, Halle/S.

Satz und Druck: Druckerei Lewerenz, Coswig/Anhalt

Printed in Germany

# Zum Geleit

Unter seinem "richtigen" Namen läuft er in Halle Gefahr, mit seinem Namensvetter, dem Conferencier "Günthi" Krause, verwechselt zu werden; aber sein Pseudonym "Geka" ist seit 1951 sein unverwechselbares Markenzeichen, denn in diesem Jahr begann er für die "Liberal-Demokratische Zeitung" (LDZ) auf der Lokalseite Beiträge in hallischer Stadtmundart zu schreiben, zu einer Zeit, als die "Obrigkeit", die unsere Sprache mit einer Fülle von Bildungen auf Volks- "bereichert" hat, auf die Volkssprache eher scheele Blicke warf.

Diese Beiträge hatten aber noch eine andere Funktion. Sie waren nicht selten "stachelig", d. h. in ihnen wurde manches Fragwürdige im Alltagsleben unserer Stadt kritisch aufgespießt.

Und dann waren da noch die Exhallenser in aller Welt, denen diese Texte von Verwandten und Freunden zugeschickt wurden, so daß ihnen in der Fremde das Heimatgefühl gleichsam aufgewärmt wurde. Zahlreiche Zuschriften an die "LDZ" machen das deutlich. "Geka" hatte seine Leser auch in Kanada und Australien, auf Java, in Afrika oder den Vereinigten Staaten, und es machten seine Beiträge unter den dort lebenden Hallensern sogar die Runde. "Über die Geka-Ergüsse amüsieren wir uns jedesmal köstlich", heißt es in einem Brief aus San Franzisko, und "Geka sendet uns" - und das waren" die in der Nähe wohnenden Landsleute" - "ein Stück Heimat in die Ferne", schrieb eine ehemalige Hallenserin aus Portugiesisch-Westafrika.

Wer ist nun dieser Mann, der so lange schon für Halle und die Welt schreibt?

Günter Krause, der sich hinter dem Pseudonym "Geka" verbirgt, ist natürlich waschechter Hallenser, geboren am 18. 7. 1926 in der Zwingerstraße in Glaucha, dem Stammland des "Glauch'schen Adels", der den sog. "Hall'schen Lattcherschmuß" pflegte. Zwar durfte Geka dieses Idiom zu Hause nicht verwenden, aber im Umgang mit den Kindern auf der Straße und in der Taubenschule konnte er das Hallische gründlich "erlernen". Wohl begegnete er, nach dem Umzug der Familie im Jahre 1936, in der Krausenstraßen-Gegend und in der Friesenschule dem Hallischen nicht mehr in so uriger Form, aber diese hatte er nach den Glauch'schen Jahren längst intus.

Von 1941 - 44 erfuhr er eine Ausbildung als Vermessungstechniker, wurde danach zum Kriegsdienst herangezogen, kehrte mit zerschmettertem Arm zurück und versuchte 1947 als Neulehrer in Diemitz einen Neuanfang. Das ging nicht lange gut; 1951 schied er wegen politischer Unstimmigkeiten aus dem Schuldienst aus.

Nach etlichen Schwierigkeiten gelang es ihm 1952, beim Landesvermessungsdienst Sachsen-Anhalt wieder Fuß zu fassen, er besuchte von 1952 an die Ingenieurschule in Dresden und schloß die Ausbildung 1955 als Vermessungsingenieur ab. Fortan war er im Außen- und Innendienst im Bezirk Halle tätig, übersiedelte aber aus beruflichen Gründen 1961 nach Leipzig. Gleichwohl hatte er zwischendurch auch immer einmal wieder in seiner Heimatstadt zu tun, zu der die Verbindung im übrigen auch durch verwandtschaftliche Bindung nie abgerissen ist.

Aber mit seinen Beiträgen in hallischer Mundart war es seit seinem Wohnortwechsel vorbei. Erst als er 1987 vorzeitig invalidisiert wurde, ließ er sich breitschlagen, wieder für die hallische "LDZ" (jetzt "Hallesches Tagesblatt") zu schreiben, und man nahm die Mitarbeit des journalistisch "Altgedienten" auch gern wieder in Anspruch. Am 22. 7. 1988 erschien nach langer Pause sein erster Beitrag (und mittlerweile sind es schon wieder über 40 geworden).

Als Geka am 29. 6. 1951 seine erste Plauderei in hallischer Mundart ("Dr Umboochen") veröffentlicht hatte, war die Leserresonanz darauf so freundlich, daß Autor und Zeitung ermuntert wurden, diese "hall'schen Schmüßchen" fortzusetzen. Auch Gekas alter Lehrer, Rektor i. R. Alfred Hoschke, der sich selbst mit hallischer Mundart beschäftigt hat, ermutigte seinen ehemaligen Schüler zum Weitermachen, und schließlich öffnete Dr. Werner Piechocki dem Mundartschreiber das "Hallesche Monatsheft" (bis dieses auf Befehl "von oben" sein Erscheinen einstellen mußte).

Geka schrieb aber nicht nur in Prosa, sondern zuweilen ließ er auch seine poetische Ader schwellen und lieferte manch prächtiges Gedicht (z. B. "De Jrindunk d'r Schtadd Halle", "De schteenerne Junkfrau bei Deelau", "De Jeschichte von Hallornschwärdern", "Zitterreinold" und andere).

Aus all seinen Beiträgen spricht der Witz des Hallensers: Schelmisches, Kritisches, Deftiges und Gemütliches sind in ihnen gleichermaßen vertreten. Und schließlich wird in ihnen eine heimatliche Sprachform gepflegt, die in den letzten Jahrzehnten in Halle stark rückläufig ist, die aber auf diese Weise im Bewußtsein gehalten wird. Denn die sprachlichen Eigenheiten eines Ortes können für die Identitätsfindung seiner Bewohner einiges leisten.

Aber nicht nur mit der Feder in der Hand dient Geka der Sprache seiner Heimatstadt, sondern er hat sie auch verschiedentlich zu Gehör gebracht, in Funk und Fernsehen, im Altenheim, an der Volkshochschule, beim Pfingstbier der Halloren oder neuerdings vor Gästen aus der Partnerstadt Karlsruhe.

Beiträge in Zeitungen und Zeitschriften liest man, erfreut sich vielleicht daran - und vergißt doch vieles relativ schnell.

Darin gleichen sie den Eintagsfliegen. Nur wenige Leute schneiden sich dies und das, was ihnen aufhebenswert erscheint, aus den Druckerzeugnissen heraus; aber wenn sie es eines Tages suchen, ist es noch nicht sicher, ob sie es auch wiederfinden. Welcher Hallenser wird wohl die über 300 Texte gesammelt haben, die Geka in den letzten 40 Jahren veröffentlicht hat? Dieser Aspekt allein würde es schon rechtfertigen, vieles daraus wieder verfügbar zu machen. Und wenn das in diesem Jahr geschieht, so ist kein Zeitpunkt besser gewählt, denn Geka vollendet im Sommer 1991 sein 65. Lebensjahr.

Die vorliegende Auswahl aus Gekas "Gesammelten Werken" anläßlich dieses "Doppeljubiläums" ist nicht nur zu begrüßen, sondern man darf sich auch ziemlich sicher sein, daß sie ihr Publikum in Halle und anderswo finden wird.

Manfred Lemmer

# D'r Umboochen

*Stoßseufzer aus dem hallischen Süden*

Was e richtcher ahler Hallenser is wie iche, der sahd for e Boochen, den e um'n eejentlichen Wäch machen muß, nich Umwäch, sondern weils ehmd e Boochen is, sahde daderzu "Umboochen". Was so e Umboochen is, gennder Eich von den arm' Wärschtchen, diede in sonnichen Sieden unsrer Landeshaubtschtadd wohn' un jeden Daach midder "Sechse" fahrn missen, erzehln lahsen ...

Seid e Weilchen wohn' ich nämich an Jesundbrunne un leide an derselm Grankeet wie unse neien Bärjer aus Wärmlitz un Bellbärj. Wemmer uff de Kläje will oder in de Schtadd, denn kimmt der Umboochen; Da färd mer denn erscht eewich un drei Daache iwwern Schlachtfihoof, Diem'z usw., ehrmer ändlich uff'n Waalalla ahnkimmt. An wichtche Schtelln, wie Marcht, Bost, Deader, Schtaddbaad, Heede, Rennbaane unsoweidr kimmt mer je nu midder "Sechse" schon jarniche!

Seid jeraumer Zeid hadd nu dr Umboochen noch ne scheene Abwechslunk forr de Umboochenfarjäste: "De Brigge!" Jedn Daach wärd mer nu jefracht: "Wolln Se iwwer de Brigge oder niche?" Wi'ch nu jeheert hawwe, daß de Brigge in Härbste erscht färtch sinn soll, da hadds bei mir jebimmelt! Seit Monadden jehts nu so: Hawwich Zeid un is scheenes Wedder, schbazzier' ich iwwer die olle dreckje Brigge; andernfalls, Z. B. wenns maiumt oder wennich dalli machen muß, muß'ch e linschen diefer ins Protjuchee greifen un for neie 15 Fennche mit dr 1 oder 3 wei-derfahrn. Wie deier das werd, genn Eich de Scheekser aus'n Sieden beschtädjen!

Awwer nu Schluß midd'n Jeschimpe - jetz kimmt mei Vorschlaach: Kammer denn wes Kneppchen bei unse "Sechse" (wie das bei dr Linje 4 durch de 14 und 24 jeschied) nich zur Endlastunk ooch noch ne "16" inrichden, diede von Bellwärjer Wäche iwwern Rannischen Blazz un Marcht nach'n Norden färd??? Womer jetz in Anhenger roochen därf, wärde sich mannicher forr die 15 Fennche Umschteijer e Jlimmschtengel koofen und in Anhenger ener solchen "16" qualm'.

Un noch eens, Leite: Unse Pestalozzi-Schule soll widder in Jang jebracht wern. Da gomm denn die arm' gleen Wärmchen, die inne Schule nich so genn, wiense solln, aus alln Deeln dr Schtadd un missen in Berufsvargär zwee bis fünf ma umschschteijen, wose gaum bis dreie zehln genn. Ooch meine liehm Schbortfreinde, die sonndachs uffs Schtadjon wolln un weit weg wohn', wern saachen: Der Scheeks hat Rechd!

Also, liewe Schtaddväder und Schtrasenbahnowerhaibter, 's glingt zwar schbas'ch, was'ch schreiwe, awwer mir hamm ene solche 16 soo neetch, sejar noch wenn de Brigge ma widder janz sin sollde!!!

*29. 6. 1951*

# De Miggen ...

Also, uff de Ferijen hammer je uns schon lange jefreid! Meine Frau had mich schon jans närrsch jemacht. Ihr Ferijenbrojramm haddese schon ze Fingesten fertch:

Ma fahrmer midden Gahne uff dr Saale, ma jehmer uff de Raaminsel, uff de Bulwerweiden, in Jesundbrunn, in Zoo, in de Heede, nach'n Jiewichenschdeen un an annere scheene Fleggchen an unse Saale.

Nu sin de erschten Wochen rum. Nischt jejen ihr Brojramm, awwer eens haddese forjessen: De Miggen!

Nee, wejen Miggen hawwich bahle e Klaps jekricht! Mir gonnten hinjehn, womer wollden - iwwerall Miggen - Millijarden Miggen! Schberrte mer de Oochen uff, um was scheenes ze sehn, - schon sas ne Migge drinne! Dat mer de Gusche uff, um forr sei Frauchen e liewes Word zu sahn - fui Deiwel, jlei sasen een zwee Miggen uff dr Blääke!

Bis in de Schlafschtuwwe forfoljen se uns, awwer da sinn se forlohrn: Da MUX' ich!! Midde Zarschteiwerschbrizze jeh' ich se ze Leiwe, da fallnse zu Duzzenden. Awwer an de Saale gann ich doch das Dink nich midnehm. Wenn ich da buste, da denken de Leite, bei mir biebts! Na ja, fon den Dausend, die ich jeden Daach dodschlaache, werns ooch nich weencher.

Awwer nähmt mirs nich iewel: Radden wern begämft, Gardoffel- un Borgengäfer, de Dollwud un was nich noch alles, un Miggen lässd mer Miggen sinn!! Fon Jahr ze Jahr werns mehr. De Saale is de reenste Brudanschtald!

Gann da de Schtadd wes Kneppchen nichema e Schädlingsonkel hinschtelln, derde das janze Viezeich mid Schtrunk un Schtiel fortillicht??!

Anderfalls schtellich den Andraach, daß wenichstens de Raaminsel in "Miggeninsel" umjenannt wärd!!

*10. 8. 1951*

# "D'r Droom"

E Baddelbood - das war schon lange unser schdiller Droom! Wemmer als junkes Liewesbärchen an de Saale lankschbazierden, hammer de Baddler ofde beneid'. Awwer zum Heiraden jeherd so fieles, was wichtcher is alse Gahn.

Na, dies Jahr (e Jahr nach de Hochzeit) gonnt mers uns denn doch leisten - un d'r Droom jink in Erfillunk: e Bood worre jekooft! 's war zwarschtens e jebrauchtes, awwer e Dischler hadds uns widder rebberiert un dufte jebinselt, unden rod un ohm weis.

Nu awwer die Freede schon vorehr! Mir dreemten jede Nachd, wie mer mid unsen Gahne uffen blauen Welln dr Saale schaugelden, midden Händen läss'ch in Maium blätschernd. Wie de Fische unsen Boodsgiel umschwärmden un mir uns bei jroser Hizze mid e kihnen Schbrunk ins Maium erfrischen gönnden!

Doch alles war ehmd blos e Droom - - -

Wiemer nu mid unsen schmuggen Gahne uffen Welln schwimm, da sehmer denn, daß die scheene Saale enne eekliche, dreckche Briehe is! Schwarz wie de Nacht, schdellenweise awwer ooch scheene bund un eelich. Undefinierbare Glumben gomm an un glähm an Boode feste. Forwärds gemmt mer blos lanksam, denn nach jedem Schlaach midden Baddel muß mer sich erscht fon Miggen befreien, diede en bahle uffressen un diede ze Millijarden uff dr Saale rumschwimm.

D'r Schbrunk ins kihle Naß is mer jlei forjang. Meine Frau had jrose Angsd, daß mer umkibben, se meent, se wärde sich ze Doode eekeln, wenn se in die Jauche fiele'!

Ich denke ja nu bei alle Sachen immer jlei weiter un neme an, daß de Saale in e baar Jährchen e berihmtes M o o r b a d sinn wärd!

## De Fählzindung

*E' Forbessrungsforschlaach, iwwer den sich keener freit*

Jeder kleene Käcker lärnt heite schon in d'r erschten Klasse, was e Forbessrungsforschlaach is. Sei Lehrer hadd'n erklärt, dass de das fon "besser" abschtammt. Er weeß ooch, dass der Mann, derde dorch so e Forschlaach helfen tut, unser Lähm ze forbessern, e Aktewiste wärd.

Jeder nimmt sich desterwejen unse Aktewisten järne zum Forbilde, weil dorch ihre jroßen Leistung'n schon dicht'che Erfolje errung' worrn sin.

Blos eene "rihmliche" Ausname jiwwets warrhaft'ch doche:

Da kläjt in der Zindholsfawwerik Riesa e kleener Scheeks, der ooch jerne Aktewiste wärn wollte. Der simmelierte nu Daach un Nacht, wasse ma scheenes erfindn kennte. Da iss'n bletzlich der dufte Jedanke jekomm, an de Schtreiholsschachteln blos noch eene Reiwefläche ze machen!! Wasse dadermit einschbarn tut, is m'r eejentlich nich janz klar...

Klar is mir blos, dass'ch jedesma, wenn ich in Käller nunter tap're oder wenn Schtromschberre is, eene mordsjämmerliche Wut uff den Schlaubärjer krieje, weil m'r erscht eewich in Dunkeln de Schachtel bearweeten un hin un herdrehn muß ehr m'r die Seite finget, wo's Schtreichbeen ändlich ahnbrenn tut!

Awwer blos, wemmer Jlicke hat! Denn die eene Reiwefläche is schon lange kabuttjewärjt, ehr de Helfte d'r Streichhelser iwwerhobt abjenutzt is.

Ich wärde je nu forschlaachen, desterwejen ehmd ooch blos noch de Schachteln halb foll ze machen...!

*1. 12. 1951*

## "Morjenschtunde hat Jold im Munde ..."

Das Schbrichwort "Morjenschtunde hat Jold im Munde" hawwich schon sehre ofte jeheert, awwer nie hawwich jewußt, was de jroßen Leite dadermit jemeent ham. Wie ich nu darhinterjekomm bin, wasses heeßt, will ich eich ema erzähln:

Mei Babba jeht frieh um 8 ins Birroh. De Mama fängt halb 9 in Jeschäfte an, bringt awwer forehr noch unsern Jeorj in Kinnerjarten. Mir Kinner jehn um 8 in de Schule. Jeden Frieh schtehmer denn so dreifärtel 7 uff. Awwer denn jehts los! Mir Jungs missen uns schon alleene waschen un anziehn. Unser Babba macht Feier un rasiert sich. De Mama macht de Betten un de Bemmen for de janze Familje, setzt Jeorjen uffs Teppchen, wäscht'n, zieht'n ahn, kämmt'n un flecht'n Mächens de Zeppe. Alles muß trapp jehn, daßde keener ze schbäte kemmt.

Uff ema, wiemer jrade alle richt'ch in Fahrt sinn, wärds duster - Schtromschberre! Na, nu is je was los! De Mama sucht de Schtreichhelser uf'n Ricke un schmeißt daderbei 'n Wecker runger. Weil 's Radio ooch forschtummt is, weeß keener, wie schpät's is. Der Babba schneid' sich mit'n Futt'ch in de Backe un tobt in Dunkeln rum.

De Schtreichbeene brenn' ewij nich an. Kalle schubbt in der Finsternis Jeorjen um, derde mitten in dr Kiche sitzt! - Also s'is eenfach nich zu glohm! Rasiern, waschen, anziehn, kämm', Bemmen machen, alles bei e Kerzenschtumpel, das is ne forchbare Wärtschaft!

Mei Babba is beschtimmt sehre jut mit uns Kinnern, awwer wenn Schtromschberre is, denn kriej' mer schnell ma eene jedachtelt. "Schtromschberren missen je heitzetaache sinn", saachte zwarschtens immer, awwer wenns frieh schnell jehn soll un's Licht is uff ehma weg, denn wärde doch jans närrwees.

Jetz mach'mer nu seit eener Woche "M o r j e n s c h t u n d e" : Frieh schtehmer alle um fimfe uff. (Den Schlaf holmer in de Schule nach.) Wenn denn jejen siem 's Licht ausjeht, simmer alle fert'ch. Denn mach'mer de Korredortiere uff, un frein uns, wenn de annern Leite in Dunkeln rumtoom un schimpen un 's Zeik kabuttschmeißen.

Weil mei Babba, wennse nich janz unjelejen kemmt, for de Schtromschberre natierlich jroßes Forschtändnis hat, desterwejen hatte uns das Sprichwort "Morjenschtunde hat Jold im Munde" praktisch beijebracht.

*16. 1. 1952*

## Hall'scher Jahrmarcht ...

So mancher hat in letzten Taachen
schon iwwers Wetter mächt'ch jetobt.
Da kann ich blos das eene saachen,
was jeder Hallenser mir gloobt:
Äs Wetter war in diesen Falle
schon richt'ch, denn: Jahrmarcht is in Halle!

Nu währn de Fitzen lanksam trocken,
d'r Matsch kläbt zwar an Schuh'n wie Kitt,
doch nu laß'ch mich schon ehr forlocken
un mach'e Jahrmarchtsbummel mit.
Von weiten härt mer schon Musike
un ä Jekrehle un Jequieke!
Jlei forn bein Leckerhoni-Fritzen,
sejar bein Eismann schtehnse an,
währnd andre in'ner Bude sitzen
un sähn de "Illußjon" sich an.
An ä HO-Schtand, schtols wie Färschten,
erfrein sich Hungriche an Wärschten.
Jedoch enne besondre Freide,
die bring' de Karresells mit sich,
da lassen sich de junken Leite
dorch'nander schlenkern, färchterlich!
De Kleen' fahrn liewer Feierwehre,
da bimmeln se un bäben sehre.
Sejar Motorrad kammer fahrn lern'.
An Autoschkooter is was los!
Ooch in Ärrjarten kannste rumärrn.
Wer Jlick in Schbiel hat, nimmt ä Los.
Da jibbts ä Wecker ze jewinn'
oder ä Korb mit Eiern drin!
Forr ener Bude schtehn de Leite,
da belln de Quiene wie forrickt.
So hat ähmd jeder seine Freide.

Am meesten sin de Kleen' bejlickt.
Un uff'n Heemwech denken alle:
D'r Jahrmarcht is ä Schtickchen Halle.

*1. 4. 1952*

## D'r Lenz kemmt!

Kaum is d'r letzte Schnee jetaut;
da wärds uff unsen Howe laut.
Ich niesche ausen Fänster -
Wer macht den Krach? "De Wänster:
Zwar hat's bein Kläjen mich jeschtärt,
doch hawwichs lange nich jehärt,
drum guck' ich zu un schbiere:
"D'r Lenz schteht forr d'r Tiere!"

*4. 4. 1952*

## Hall'scher Osterschbazzierjank

Aenne jroße Freide hat's Radjo sein Härern jemacht, als an Ostersonntaachmorchen Goethes wunderbarer "Osterschbazzierjank" dorchkamb. Dausende von Hallensern sind dadernach nausjeschtreemt in die scheene Umjäwunk ihrer liehm Heematschtadd und sin, de härrlichen Worte von unsen jroßen Goethe im feiertächlich jeschtimmten Härze, reich belohnt worn.

Es jreeßte Jeschenke, mit das uns de Mutter Natur iwwerrascht hat, war jä das brachtvolle Wätter! De lachenden Oochen d'r jroßen, un besonderscht d'r kleen Leite schrahlten midder liehm Sonne um de Wette.

De Rahminsel war's reenste Osterhasenbarredies. Opas un Vatis krawwelten in Jebische rum, und de kleen Wärjels kwiekten for Freide, wennse zwischen ärschten Friehlinksbliemchen ä buntes Gackei finden taten. De Schburn kammer dadervon noch lange sähn, denn de bunten Schaln find'mer an alle Schtelln d'r Rahminsel. Noch bunter awwer als die Schaln und als alle hibschen Friehlinkskleeder warn de ärschten lustjen Schmätterlinge, diede in d'r warm Luft rumdaumelten forr Jlicke, daß der lange, diestre Winter ändlich uffjehärt hat. Besondersch awwer de kleen Singveechel wollten nach der lang Sändebause alles widder nachholn un forranschalt'tn zwischen den zarten jrien Zweijen 'n reensten Sängerkriej.

Unse Saale hatte zwarschtens noch Hochwasser, doch de ärschten Baddler kämpften schone widder mut'ch jejen de schtarke Schtreemunk. Jenau so wie nu keen vorwitz'ches Welkchen den brecht'chen blaun Himmel triehm konnte, jabs ooch keene Schtärungk in d'r Ruhe un Beschaulichkeet därjenjen, diede an den wunderscheen Feiertaachen äma Erholunk un Enschbannunk suchten und die - ihr kennt mersch glohm - an Dinnstaache mit Freide un frischer Korrasche wider uff ihre Kläje jingen.

*18. 4. 1952*

## Hausfraunsorjen ...

Wie'ch die Daache mei Honnerar von d'r "LDZ" krichte, meente meine Frau forr miche:

"Weeste, Mann," saachte se, "du hast forr deine Zeitunk schon manchen Schmuß zurechtejeschriem, awwer forr de Sorjen un Neete d'r Hausfraun tuste dich eejentlich nich indressieren. - Basse ma uff, wasde ma grittesiern kannst:

Ä baar Daache forn dreiß'chten sinn meestens schon de Margen alle. Das kemmt dadervon, weil du andauernd Worschtbemm' mit uff de Kläje nimmst. Na, da kooft m'r denn in HOe ma ä Värtel Läwwerworscht.

De Fett'chkeet wärd awwer ooch alle. - Nu loof ema ins HO, ob de da in d'r letzt'n Woche ä Wärfel Marjerine krichst.

Jeden Monat isses dasselwe.

Das mißte doch de HO ä häppchen besser orjannesiern, daßde wennde de Margen alle sinn, jeniejend Marjerine forät'ch is!"

*26. 6. 1952*

## De hall'sche Schtraßenbahnzeit ...

Wenn ich frieh uff de Kläje will, sätz'ch mich an d'r Endschtazjon Bellwärjer Wäch uff de Linje 6. Ich weeß jenau, wenn de Bahn'n abfahrn un bin immer zeit'ch jenuch da.

Forjang'n Mittwoche komm'ich an de Ecke, da bimmelt se schon ab. Na, ich nähme de Beene untern Arm un krieche se jrade noche. Wie'ch nu drinne sitze un japse, schbann'ich jlei, was mei Luppert schmust. Ich saache jans erschtaunt forr de Schaffnern: "Mei Frollein, Sie därften ärscht siemzwanz'ch fahrn un sinn schon fimfenzwanz'ch jefahrn!"

Da meentse, es wäre schon siemzwanz'ch. "Nee, meine Kleene", jäwich se z'r Antwort, "ähmd hawwich mein Lupert nach'n Radjo jeschtellt, da jeht eire falsch."

Na, wißtern, was'ch da ze härn krieche? "Jaa - nach'n Radjo richt'n mir uns nicht, mir ham unse eejne Zeit! Mir richt'n uns nach d'r Uhr an Däbbo!"

Dadernach hawwich nu noch andre Schaffnern jefraacht, un die jahm mir denselm Bescheed.

Hat'n da d'r Mänsch noch Deene! De Schtraßenbahn richt' sich nich nach d'r Mitteleirobäschen Zeit! - Ich will nu weesjott nich blos schtänkern, awwer um ze 'ner Leesunk zu komm', schlaach'ch unsen Landessänder Halle vor, das frieh so ze machen: "Liewe Härer, mir jähm se de Zeit: 's is 7.30 Uhr, nach d'r Hall'schen Schtraßenbahnzeit isses awwer schon 7.32 Uhr!"

*Ende Juni 1952*

## Forrscheenrunk d'r Anlaachen ...?

Mir forreisen dies Jahr äma nich, weil m'r unsen Zaster for was anneres neetcher brauchen. Awwer in un bei unsrer liehm Heematschadt Halle jibts jä ooch scheene Fläcker, womer sich erholn kann. Zum Beischbiele warmer die Daache in d'r Heede un uff d'r Rahminsel: "Sißte", saachte an enner hibschen Schtelle meine Frau forr miche, "nu mußte d'r bloß forrillestriern, daßde mitten in Diering' bist, da isses ooch nich scheener".

Wemmer nu in jansen Daach uff'n Been' ist, muß m'r nadier'ch ooch was orndliches ze bäbbeln einbacken, daß m'r nich uff ema ne Umme machen tut (hochdeitsch jeeßt das: daß m'r nich aus'n Laatschen kippt). Wenn de Bemm' nich reechen tun, kammer jä nu jetz schone wider unnerwächens an HO- un Gonsumschtänden was zu naschen koofen.

Bei unsen ärschten zwee Schbazzierjäng' hawwich nu awwer jemärkt, daß andre Leite densälm Jedanken hatten wie mir. Womer jink un schtand, sahk m'r de Beweise von unsen erheeten Lähmsschtandarde: Uff alln Wäächen, in Jrase, in de Bische, iwwerall laachen de leern Schachteln von Butter- un Schbortgegsen, Fondangs, Fruchtwaffeln un Sahneschnonksen, alle Sorten Zirettenschachteln, Bärje von Frieschticks- und Zeidungsbabbier, schone widder mit Riesenfättflecken drinne un alle Sorten Dieten. Scheene bunt sieht das iwwerall aus, haubsäch' wo de Bänke schtehn. Da kammer jlei frei nach Goethe saachen:

"Jetz fählts an Blum' in d'r Heide -
drum schmeißt Babbier hin, liewe Leite!"

(Najott, freilich, ich jäwes jä sälwer zu: Ich hawwe ooch schtundenlank nach ä Babbierkorwe jesucht un keen jefunden!)

*August 1952*

## De halwe Rennbahne ...

Ihr wißt doche, daß ich ä ahler Schbortsfreind bin? Na, un desterwäjen war ich an Sonnahmde natierlich ooch bein Radrenn' uff unse Albert-Richter-Bahne.

Ich will nu hier kee Schbortbericht nich schreim, sons bring' ich jä unsen Schborträborter um sei Brot, awwer 's jibt ooch forr mich was daderzu zu schmusen.

D'r jroße Breis von Halle war widder ma ä duftes Renn'. Besonderscht jejens Ende jabs scheene Kämfe. 's war ooch diesma nich so lank wie sonst. Wenn ich nu mitfahrn täte, wärd'ch allerdinks ruh'ch ä Häppchen zeitcher anfang'. Ich hawwe jä den Schbort jrade so jerne. Wemmer das so sieht, wiede uff die schmucken, blitzenden Räder de Kämfer mit ihre bunten Hämden iwwer de Zämentbahne fäächen - hibsch sieht das aus!

Blos: rumdrehn därf m'r sich uff unse Radrennbahn niche! Da sinn denn rundrum schteile, dreck'che Abhänge mit ä baar rupp'chen Jrasschtrinken, Schteene un Jerimbel licht rummähr, Drebben sinn anjefang' un nich weiterjemacht usw. Da kennt'r jä nu weesjott keen Schtaat d'rmit machen! Ich hätte das nu weechsten färt'ch jebaut, wenn ichs ehma anjefang' hätte. De Lautschbrecher ham ooch noch ä kleen' Schbrachfähler: die schtottern un forrschlucken sich eejal.

In d'r Mitte schtand denn noch ä kleener Scheeks, der hatte 's janse Renn' weiter nischt zu tune, wie de Zahln anzehäng' un sei Schild immer ma rumzudrehn, daßde de Leite sahken, wieviel Runden noch zu korweln warn. 's is besser, ihr nehmt's nächstema ä andern, derde das Schild nich blos e e m a in d'r Schtunde rumdrehn tut.

Also, liewe Schbortfreinde von Motor-Ost, nähmt eich ä Beischbiel ande Fahrer, diede ihre letzte Kraft forrn Schbort jähm. Schafft so 'ne Mängels ab, mir wolln doch unse demmekrat'-sche Schbortbewäjunk immer noch heher entwickeln!

*13. 8. 1952*

# D'r Qualledätsgoffer

Mir hatt'n neilich Besuch aus'n Anhält'schen, unse Dante Else. Wie die härde, daß m'r in Färjen nich forreisen, meente se jlei: "Da kennter echendlich äma bei uns komm', Onkel Fritze un Klausi wärd'n sich ooch mächt'ch frein!" D'r Onkel hat näm'ch ne scheene Miehle un ä häppchen Viehzeich. Na, m'r ham nich nee jesaacht.

Gorz forr d'r Reise schbricht awwer meine Frau forr miche: "Mann, mir brauchen doch denn ooch noch ä Goffer!" - Na, mir nu jlei in de Schtadt ('s is nu schon ä baar Daache här) un de Leibs'cher Straße nunter. - Kee Goffer ze kriechen! "Komm", saach'ch, "forr was jibts ä HO?" - "Ä Goffer wollnse? Bittescheene, echt Läder, neindreiß'ch Mark fuffzch." Da baßten awwer denn bloß de Laatschen un e Hemme nein, so kleen war der. Ich saache forr's Frollein: "Die da hinten schtehn, das wär de richt'che Jreeße." "Die kemmer nich forrkoofen, da sinn de Schlesser schone widder kabutt!!"

Na, s jibt jä noch mehr HOs. Gorz forr sechsen treiwich wärklich noch een uff: "Echt Wulgan Fiwer", neinzen Mark un ä baar Fennche. Nu konnte de Reise losjehn. Uff hin jinks, da warn blos de Bitschahmas, Zahnbärschten usw. drinne. Awwer rädur hammer nu noch Jorken, Äbbel un ne Mandel Eier mitjekricht, das war unsen Goffer ze viel. Bletzlich saachte "Knäck!" un laach uff'n Bahnschteiche - ohne Jriff - den hat'ch in d'r Hand!!

Drotzdem ha'ch m'r jefreit, daß weenchstens an den Goffer ma de Schlesser jans warn, sonst hätten de Leite an Zuuche mit unsen Gackeiern Fußball jeschbielt, un so warn zejar noch zwe'e jans.

*29. 8. 1952*

# Unhickjen'scher Käse ...

Ich esse ooch järne ma ne Käsebemme (Worscht un Schinken wärd uff de Dauer zu lankweilich). Wie nu meine Freu neilich in d'r Kiche 's Ahmbrod macht, krehlt se bletzlich: "Mann, komm' ma här! Aehmd is d'r Käse ä Schtickchen uff'n Dische lankjeloofen!" - Also, was soll'ch eich saachen: Zweehunnert Maden reechen nich, die den Käse bevelkern taten!

Nu schimb'ch se aus: "Du därfsten ooch nich immer so lange schtehn laß'n." (Se ißt'n näm'ch nich järne.) "Wa?! Den ha'ch jästern ärscht jekooft un jlei unner de Käsejlocke jeschberrt!" "Na, wo hast'n den här?" fraa'ch se mißdrau'sch. "In d'r Schtadt schtehn jetz immer mitt'n uff d'r Schtraße Dische, da licht d'r Käse ohne was driwwer! D'r Schtraßendreck, d'r Autojeschtank, alles fliecht druff, de Leite niesen un husten dran, de Hunde beschnubbern, un nadier'ch sitzen besondersch järne de Fliechen dranne, das olle Fiezeich! Sißte, desterwäjen eß'ch'n nich järne."

"Na, mei Määchen, du därfst nu awwer nich so uff die arm' Fliechen schimben, die forrschtehn doch noch weencher von Hickjene wie die, die n' Käse uff de Schtraße schtelln. Die liehm Dierchen wär'n sich frei'n, daßde de Menschen so viel Forrschtändnis forr ihrn Nachwuchs ham ...!"

*4. 9. 1952*

## Was de Leite här'n woll'n ...

Ach, Leite, das wollt'ch eich schon lange ma erzähl'n, awwer immer ha'chs forrjessen. Heite hawwich'n widder in d'r Schtadt jesähn: Mein Freind Z i t h e r - R e i n h o l d ! E Hoofen Kinner drumrum, wie ze meiner Zeit. Dazema hatte zejar noch ä Leierkasten.

"Komm, mei Käcker", krächzte freindlich, "setz d'r ä Häppchen här bei mich." Un denn kommer ins Schwatzen: "Na, Reinhold, wie jeht's noch?" "Ach, här uff, 's is belämmert! De Leite sinn jä jetz so jeitz'ch, m'r forrdient iwwerhobt nischt mehr." "Kimmert'n sich eejentlich noch eener um diche?" "Eijaa - d'r Herr Baster. Desterwäjen jeh'ch ooch immer noch in de Kärche".

Un denn schmuste von seine Jette: "Mit die ha'ch doch so e Aerjer! Der ahle Drawwander is dreewisch mit miche, weil'ch se kee Sonnschärm koofn tue. Das Luder willn mich blos widder uff'n Buckel kabuttschlaan!"

So jeht die Gusche, in der kee Zahn mehr is, noch ä Weilchen weiter, bisse uff ema schtille is - mitten in Satze. Mit sein flinken Oochen plierte iwwer de Nickelbrille, die'n bahle von d'r Nase rutscht, sieht die viel'n Leite schtehn un saacht jans ernst: "Nu muß'ch ärscht widder ma ä Gorrahl schbieln, de Leite woll'n doch was här'n!"

*6. 9. 1952*

## Uff Besuch ...

Heite muß'ch eich äma was Drauriches erzähln. Forr eich isses jä nich schlimm, awwer unsereen fällt's doch schwer: Mei Schicksal hat m'r forr ä baar Jährchen nach Dresden forrschlaachen! An ärschten Sebtember ha'ch Abschied jenomm' von meiner liehm Heematschtadd Halle un von d'r Saale. M'r merkt jä denn doche, wie m'r dranne häng' tut.

Awwer ich will eich nich wehmiet'ch machen, ich komme näm'ch sonndaachs heeme, weil meine Alte hierbleim muß. Na, un die schmust m'r denn vor, wasde hier so bassiert un das krichter denn allema zu här'n.

Wie'ch nu 's ärschte Ma uff Urloob kamb, ha'ch jlei widder was erläwet (säter'sch!). Ich saachte forr de Frau: "De sollst mit miche keene Wärtschaft ham mit'n Kochen, m'r jehn ins HO." Da war m'r denn in "Fasse". Un weil ich diesma sehre z e f r i e d e n war, drum erzähl'ich eich das ooch ema:

Die Bedienunk kamb jlei jeflitzt! 's jab ä Deller duftes Reissippchen mit 'ner orndlichen Bortsjon Rindfleesch - forr b l o ß neinz'ch Fenn'che - ä zemper Achelputz!! (Un bill'ch!)

Anschließ'nd war m'r uff'n Jahrmarchte. Da brauch'ch eich jä weiter nischt ze erzähln, ihr besinnt eich doch noch uff mei Jedicht in Friehjahre? Hier will m'r nu meine jute Frau ne Freide machen, weil se weeß, daß'ch se so järne schpachtle: Se schpendiert forr jed'n ä HO-Wärschtchen. Freideschtrahlnd beiß' m'r alle beede nein un - das hätt' m'r nich machen därf'n!

Unse Wärschtchen saachten uff ema "Schnärtz!" und blatzten an d'r Seite bis ans andre Ende uff!! D'r Saft un d'r Mostrich schpritzte in hoken Boochen uff mein Anzuch un d'r Frau ihr Gostiehm! ('s is jut, daß d'r nich jehärt habt, was'ch da for schlechte Wärter jesaacht hawwe!)

Liewe HO, das is nich 's eenz'che Ma, das bassiert dächlich viel'n Menschen. Wemmer näm'ch bei jeden Wärschtchen noch 8 Mark forrn Anzuch in de Reenjunk schaffen muß, denn wärd jä das Wärschtchen n o c h teirer wie's schone is.

Na, liewe Freinde, wenn'r das lest, bin ich schone widder fort, drum jrießt eich bis uff'n nächsten Besuch eier G. K.

*17. 9. 1952*

## was Ernstes!

Ich hätte heite bahle in Hochdeitsch jeschriem, weilde das, was'ch eich zu erzähln hawwe, nischt ze lachen is. Awwer unse Vorfahrn ham jä ooch in ihrer ahl'n hall'schen Mundart Trauriches un Ernstes for'nander jesaacht. Un ich schreiwe alleweile nicht uff Hall'sch, weil ich m'r ä Feez erlohm will, sonnern, weil ich meine Mutterschbrache so järne hawwe! -

Awwer nu z'r Sache: Ich sitze in Schwerbeschäd'chtenabteile; 's sin noch Blätze frei. Da komm' ä baar junke Scheekser rin un flanzen sich uff de Bank. Ae ahler Herre saachte forr se: "Hier is forr Schwerbeschäd'chte." "Ja ja", bläkt der eene los, "mir sin ooch schwerbeschäd'cht: Ich hawwe ä leeres Bortmanneh un mei Kumpel is von jestern noch blau!"

Se bliehm ähmd sitzen. 's Kubeh fillte sich. Da kemmt noch ä Ambutierter un muß schtehn. Keener riehrt sich. "Sin Sie alle beschäd'cht?" fraachte. Keene Antwort!

Mir blatzt d'r Kraachen: "Mache den Blatz frei, Kadette!" Da antwort' der Latcher: Mir sin in ä demekrat'schen Schtaate, mir kenn' sitzen womer wolln! Ihr seid doch selwer schuld, daß d'r eire Knochen hinjehalten habt!"

Was hier bassierte, behalt'ch liewer forr miche. Eens will ich blos noch saachen: Der demekrat'sche Schtaat, in den mir lehm, hat solche Einrichtung'n jetroffen, weil'e forr die Menschen sorjen tut, diede das Unjlicke hatt'n, ihre Jesundheet einzubießen.

Den junk'n Fläjels winsch'ch bloß, daße ihr Lähm lank ihre Jlieder janz behal'n un daße niche noch ä ma an ihre frechen Redensarten denken müss'n!

*7. 11. 1952*

## "Mei scheenstes Silwester-Erlebnis!"

... so schtand's an de Blaggatsailn jeschriem un sollte in Klubhause d'r Jewärkschaft forranschtalt' wärn - unn so isses ooch jewäsen: E wärglich dufter Feez!!

Da hätt'r ma unse liehm Hallenser (un mich Hallunken) erlähm solln, wie se alle uffjedaut sinn! Jesung', un jeschunkelt ham se, wie enne eenz'che jroße Familje.

Dorch das Gulturbrojramm is jlei de richt'che Schtimmunk in de Bude jekomm'. Werner B i r n s c h e i n mit seine Mussiker hat orndlich forsch anjefang', jeplasen ham se, wasses Zeik hergab. Die beliebte Kinstlerin Inge L o y un der simbat'sche P. P. L i n d e m a n n ham ä baar hibsche Lieder vorjesung'.

De meeste Laune hat jä nu de Ansaache un 's Rätselraten von unsen dembrementvolln Günther K r a u s e jemacht! Den sei Jesichte hätt'r ma sähn solln, wie'ch zum Raten uff de Biehne hochkamb un bein Vorschtelln forrn jesaacht hawwe, daß'ch jans jenau so heeße, wie'e selwer, bloß Jinter ohne h! Das war forr uns beede d'r jreeßte Feez, un de ahln Hallenser ham sich jefreit, besonderscht wie'ch nachehr noch ema nuff mußte un de Kimmelbulle mit een Zuche leerjekulkert hawwe.

Wie denn d'r Schwoof losjink, war wärglich keener mehr in Saale, derde nich in Schtreefen jebaßt hätte!

Wie d'r Luppert zwellewe schmuste, hawwich mein jewonn' Wäcker klingeln laß'n un mei Nahmsvetter hat an Mikrofohne das jesaacht, was sich jeder forrs neie Jahr winscht, un was'ch forr alle, die nich d'rbei sinn konnt'n, noch ema widderholn mechte: Einheit und Frieden!

*3. 1. 1953*

## Um de Brotzende ...

Liewe Freinde! Ich komme forr lauter Kläje jar nich mehr d'rzu, an Eich ze schreim. Nu hawwich ehmd hier in Dräsden was erlebt un da will ich jlei e ma fraachen, ob das bei Eich heeme in Halle ooch so ist:

Heite nammitaache war ich nä'ch widder ma in Kientoppe. Wie'ch nu an d'r Kasse mei Schwerbeschäd'chtenausweis zeiche, lißt das Frollein ärscht was druffschteht, denn ilbscht se dorch ihr kleenes Fenster un grehlt raus: "Sie sinn jä unter 66 2/3 Brotzend!" - Is das in Halle ooch alleweile so? -

In d'r Eisenbahne wollten se m'r letztes ma ooch aus'n leer'n Beschäd'chtenabteile rausjochen, weil'ch kee "S" druffhawwe.

Warum daß'ch m'r awwer dadriwwer so ärjern tue, muß'ch Eich jlei noch erkär'n: Vorch'tes Jahr war'ch nä'ch noch 70 % beschäd'cht! Meine Andenken an den bleeden Kriech behalt'ch mei Lähm lang, die jehn nich widder weg. Wie's awwer nu letztens de nei'n Ausweise jab, hatten se mich, ohne daß'ch selwer was an mir jemerkt hätte, um 10 % jesinder jemacht! Uff mei forrdutztes Jesichte hießes jlei: "Einschbruch zwecklos!"

Nu winsch'ch m'r bloß, dasses jedes Jahr neie Ausweise jiwwet, denn bin ich in sechs Jahr'n wider jans jeheelt - weechstens uff'n Babbiere ...!

*15. 5. 1953*

## 's "echte" Hall'sch

Ich hawwe doch Urloob un schtreeche iwwerall in d'r Schtadd rummähr. Da treff'ch neilich e ahln Kumpel, der m'r bahle nich wegjekricht hat, weil ich mittlerweile ä Schmärbauch anjesetzt hawwe un langsam enne Blatte krieche. Na, mir jehn in de "Rose", beschtelln ä Dobb Bier, un 's Schmießchen jeht los. "Horche ma, Altlatz", schbricht d'r Scheeks forr miche, "du läßt jä sehre wenich von dir här'n - un denn is dei hall'scher Lattcherschmuß ooch nich mehr so jans 'echt', muß'ch festeschtelln!" Da saak'ch m'r nu jeneet'cht, äwas druff ze antworten: "Du hast schon nich so jans unrecht, awwer basse ma uff:

Iwwer de 'Echtheet' in den Falle, da is sich näm'ch keener richt'ch eenich. In hall'schen Dialekte jibts jä schon forschiedene Jrubben. D'r jlauch'sche Adel hat zwarschtens es Bree, awwer de Krellwitzer, Jiewchenschteener oder die von Trode ham schone widder alle ihre Besonderheeten bei'n Schbrechen. Daderzu kemmt nu noche, daßde seinerzeit eeja de Leite von Därfern in de Schtadd jezoochen sinn. Da kam' se denne von Dieske, Jreewersch, Kanneene, Zwitscheene, Läwwejine, Schkobe und Jottwerweeßwoher un ham de dufte hall'sche Schbrache mit ihr'n klangvoll'n Saalkreishochdeitsch (runger, drunger, drewwer, driemne usw.) noch hibscher jemacht.

Wasde unse liehm ahl'n Hallorn uns iwwerliefert ham, is zwarschtens ehr noch 'echt', awwer die ham da so wiele Ausdricke, die heite kee Mensch mehr kenn' und schbrechen tut. Un Zither-Reinholden sei Jebable kammer ooch nich als Jrundlaache nähm. - Nu sinn in'n letzten Jahr'n nach'n Krieje noch viele Tausend neie Bärjer in unse Schtadd jekomm', diede sich allerdinks schon Ausdricke wie eene, zwee, keener, kleen, heeme usw. anjewehnt ham, awwer die ahln Nams wie Maium, Zoßchen, Luppert, Quien und noch scheenre sinn forr die behm'sche Därfer. - Nu kannste forschtehn, daß'ch manche Ausdricke weglassen muß, d'rmit daßen de Läser mein Schmuß nich ablähn, weiln'sen ohne Lecksegohn nich lesen kenn."

Das sahke nu ooch ein, awwer denn wollte noch uff de Ordejraffie ze schbrech'n komm! Da hawwich denn bloß forr'n jesaacht: "Wenn ich de Wärter so schreim täte, wie du Lumich se ausschbrichst, denn kennte das jar kee Mensch ausenanderklamiesern!"

Na, mir bliem alle beede noch jemietlich zesamm' un nach'n fuffzähnten Biere worde unse liewe Mutterschbrache immer "echter" - von d'r Lautschtärke jar nich ze reden...

*1. 8. 1953*

## Hall'scher Wochenmarcht

Eejentlich sinn jä mir Männer nich so sehre for's Einkoofen, das iwwerlaß'mer liewer 'n Frauen, die ham da mehr Jeschicke d'rzu. Awwer ich kann da nich so sinn, wenn meine freindlich fraachen tut: "Mecht'ste noch ema so scheen' Jorkensallat ham wie jestern?", un wenn se uff mei "Ja" bitten tut: "Denn brink' doch ema e baar Jorken mit, wenn de in de Schtadd jehst."

Na, ich nähme 's Netz mit, tapre 'n Schteenwäch nunter, un wie'ch an d'r Schmärschtraße um de Ecke niesche, da bleibt m'r färmlich de Schbucke weck!

Was'ch da sehn tat, war e Bild, was m'r seit Jahr'n nich mehr kennt: Berje von Obst un Jemiese un Blum', daderzwischen eifriche Hausfraun, un iwwer all den Jewimmle de lauten Schtimm' der Koofleite.

Die ham jä mir nu 'n meesten Schbaß jemacht: "Na, Frau Nachb'rn, komm 'se ma riwwer, forrjessense die scheen' Eßbärrn' niche, butterweech un schbottbill'ch!"

"Ei, liewe Leite, die rotback'chen Aebbel hier, värz'ch Fenn'che 's Fund." - "Na, junke Frau, die scheen' jrien' Bohn', jarantiert ohne Fadens." - "Wollnse Mohrriehm mit oder ohne Kraut? Ohne forr's Bindchen fuffz'n Fennche." - "Scheene saft'che Flaum', Oma, jrade richt'ch, wenner keene Beißerchen mehr hat. "

"Mechtense nich ä hibsches Blumschtraißchen forr de liewe Jattin mitnehm, mei Herre?" Dadermit war ich jemeent, un ich nahmbs mit. - Vor Freide!

Mir machte das alles solchen Feez, die jroße Auswahl, un alles forr so weenich Zaster! Wenner denkt: 's Fund Weißkraut 3 Fenn'che, d'r Kobb Rotkohl e Jroschen, de Jorken zwelf Fenn'che, Obst in Hille un Fille, 's Fund jreeßtenteels ween'cher als e Fuffz'cher, un sejar Abbelsien' un Melon' jibts!

Ihr kennt jä mich nu, ich iewe ofte mächt'che Kritik, awwer hier kann ich bloß saachen: Dufte!! -

Wie'ch nun mit mein' Jorken heeme tippelte, heer' ich, wie eene Frau forr enne andre meent: "Was koch' ich'n nu morjen?" Da kriech' ich awwer de Wut: "Jetzt härn' se awwer uff! Die Jahre nach 'n Krieje war das so, daß m'r das nie wußte, awwer jetz?? Jehnse ma uff'n Marcht, da licht's Jemiese hoofenweise forr wenich Bieben un, un ..."

Da jrinst se un lejt m'r de Hand uff'n Arm: "Nu beru'chen se sich nur widder! Das isses jä ehmd: 's jibt so viel, ich weeß wärglich nich, was 'ch zeärscht kochen soll!"

*22. 8. 1953*

## Das härt m'r jerne!

Ich hawwe zwarschtens nich sehre viel Zeit iwwrich, awwer was'ch heite hier in Dräsden jehärt hawwe, muß'ch Eich fix ema schreim:

Ich sitze in enner HO-Jastschtätte mit hungrichen Maachen. For 'ner halm Schtunde hawwich m'r ne Därriene Nudeln mit Rindfleesch beschtellt. Da kemmt d'r Ower an un meent in ächt'n Sächs'sch: "Mei Herre, 's gibbt geene Nudeln mehr." "Na ja, denn bring' Se mir - Moment ema - hier: ema Maggeroni mit jekochten Schinken un jeriehm Käse druff."

Nach noch 'ner Värtelschtunde kemmte widder: "Heite gibbts geen geriehm Gäse, awwer wenn Se vielleicht zergangne Butter riwwergegossen ham wolln?" Nu wor'ch awwer doch bamb'ch? "Kippen Se druff, was Se wolln, bloß bring' Se m'r endlich was zu bäbbeln, ich verhungre bahle!"

Da tat der ahle Herre an mein Tische ä häppchen feixen, als obbe dachte, daß sich's mit mein Schmärbauche nich so schnell verhungern läßt. Un da kam'r denn beede ins Jeschbräch. "Sähn Se", schbrichte, "ich komme nu viel in d'r DDR rum, und da erlebt m'r jrade in de Jastschtätten viel Unanjenähmes". Un nu tate m'r von vieln Schtädden was vorschmusen.

Uff ema fraachte m'r: "War'n Sie schon ema in Halle an der Saale?" Ich denke jlei, an d'r Schbrache kanne d'r nich erkannt ham, denn unse Unnerhaltung tat m'r in e hibschen Hochdeitsch fiehrn. Weil ich nu nich jenau wußte, wo e naus wollte, saacht'ch bloß korz: "Flicht'ch."

"Also wissen Se, da hawwich immer meine Freide, wenn ich da hinkomme. Da jibts e baar dufte HO-Jastschtätten, wo m'r widder als jebilder Mensch bedient wärd, 's ooch alles preiswerter wie hier, ooch jreeßre Auswahl in de Koofheiser. Also, de hallsche HO is mehr uff Draht wie die in Dräsden. Ach ja, ich hawwe schon scheene Schtunden in Halle verlebt. Die Menschen dort sinn zwar e häppchen schtur, awwer das is besser, als wenn se een jlei uff'n Wäcker fall'n."

Un nu schwärmte denn - ooch von de Hallenserinn' ... na ja ...

Ich schmunzelte nu bloß schtille vor mich hin, bisse saachte: "Also, wenn Se widder ma Jeläjenheet ham, nach Halle ze komm', wärn Se beschtimmt an mich denken!"

Da hawwich denn bloß freindlich druff jeantwort: "Tja ..., denn wäre ich wo ooch widder ma nach Halle fahrn missen ..., ich bin nähmich von da!"

*5. 11. 1953*

## D'r Fraacheboochen (oder 's "Antigwarrejat")

Wie'ch an Sonnahmde heeme war, hawwich ema widder mei ahln Lehrer besucht. Der war dazema in d'r nazist'schen Partei, wie die meesten Lehrersch un hatte in Krieje bei de Soldaten e kleen Posten, un ooch e baar kleene Ordens hatte jehabt. Nach'n Zesammbruche worde jekindjt un krichte Zeit, iwwer seine Fähler nachzesimeliern. Nu hatte sich besonn' un hat sich vorjenomm', dasses alleweile besser machen will.

Kinnersch, hat sich der Mann jefreit, wie's uff ema hieß, daß de Rejierung beschtimmt hatte, wer ährlich mitarweeten will an unsen Uffbaue un juten Willen hat von die kleen ehemal'chen Nazis, den soll nischt mehr in Wäch jeleecht wärn, un keener därf mehr saachen: "Der is ema das un das jewäsen frieher." Jeder sollte nu dieselm Rechte ham.

Mei ahler Kanter kamb nu ooch widder in de Schule, ohne die 'e jar nich recht lähm konne. Jetz isse nu schone widder ne janse Zeit d'rbei un hat ooch schon forr seine dufte Kläje enne Brämje jekriecht. Nu tate den Kinner un de Eltern saachen, wien ses besser machen kenn, un das jlohm die den Manne ooch, weile aus eejner Iwwerzeichung schbricht.

Wie'ch nu hinkamb bein, da tate mächt'ch schimben. Er hatte von Schulamte schon ema widder e Fraacheboochen jekricht - 's war d'r f u f f z e h n t e , dene ausfilln sollte! "Immer widder wolln se das alles wissen", so tate lamendiern, "wo m'r frieher drinne jewäsen is, was m'r bei die un die Orjannesatsjon forr Posten jehabt hat, was m'r bein Milledäre war und wie lange, sejar de Truppe un de Ordens (alle) muß m'r uffschreim!"

Nu fraach'ch Sie: Achtehalbes Jahr nach'n Krieje wärd das eeja widder vorjekramt! Unsereener hat das Jewäsne schon bejrahm. Paßt das mit die Beschtimmung von de Rejierung iwwer dieselm Rechte zesamm? Se sollns doch endlich ruhn lassn! Oder wolln die de Menschen heite immer noch nach lange verjess'ne un verjähmne Fähler beorteeln?

Ich jloowe, 's Schulamt hat noch nischt von neien Kurse unser Rejierung jehärt, oder - die wolln e Antigwarrejat uffmachen.

*11. 11. 1953*

## Jruß an unse Hallorn!

Letzten Sonnahmd war ich mächt'ch zeit'ch von Dräsden heemejekomm. Mir taten uns in "Fasse" e duften Achelputz leisten, un denn nahmb ich meine bess're Ehehälfte bei d'r Batschhand un schtreechte mit se dorch de Schtadd.

Wie m'r uff'n Marchtblatze am jroßen HO uns jrade de Schaufenster bekneisten taten, da härt' mer uff ema von Hallmarchte ruff enne Musikkapelle ihr Zäckerchen machen. De Kinner und de junken Scheekser flitzten nadier'ch jlei hin. Wo ich nu awwer sahk, daß de sejar de ahln Leite hindraaschten, macht'ch m'r ooch uff de Socken - meine Kleene immer hinnerher.

Un denn - also, m'r mißte jä kee Hallenser sinn, wenn een da 's Härze nich heeher jeschlaachen hätte: Unse liehm ahln Hallorn kam'n de Talamtschtraße hochjetapert! Vorneweg de Musieke, an d'r Schbitze von Umzuche Riemersch Klaus mit'n traditsjonelln Schteenmiehlnesel, derde dazema uff Rosen dorchs Kärchdoor jedippelt is, un denn foljten de schmucken Hallorn: 'n dreischbitzchen Schwenker uff, de dufte bunte Kluft ahn, mit de Sammethosen und weißen Schtrimpe, mit blitzende Silwerknieste uff'n Westenlatze un blanke Schnallen uff de Trittchens, wie in ahln Zeiten.

Hintern Esel schritten so recht pomäle de Fahnschwenker un d'r Schwärtdrächer her. In d'r anjebutzten Kutsche, mit'n Zoßchen d'rvor, saßn de ahln Vetteran'. Schneid'ch marschierten, mit lange Schtangen iwwer de Schultern, die Hallorn, diede denn uff d'r Saale Fischerschtechen riskiern wollten. -

Da schtrahlten de Oochen d'r kleen un jroßen Hallenser und Hallunken! 'n meesten Feez machten mir zwee jans ahle Ohmas, diede von Schielershowe riwwerjeepelt kam'n, un (anscheind dachten se, mir warn Fremde), uff uns losbabelten: "Sähnse, das sinn unse Hallorn, diede schon seit Jahrhunderten 's Salz sieden, un der kleene Esel is 's Wahrzeechen von unse Schtadd!"

Schtols un Liewe z'r Heemat schbrachen aus Worten un Oochen. Roland selwer un d'r blumenjeschmickte Händel lächelten freindlich uff ihre ahln Freinde runter.

Un so mechten ooch mir unsen liehm Hallorn unter ihrn ahln Schbruche:

"Han mer hüte Water un Holt,
han mer morne Silwer und Jold."

de herzlichsten Jlickwinsche forr ihrn jroßen Ehrendaach zurufen!

*22. 6. 1954*

## Geka bei 'n Hallorn

Wer von eich vor 14 Daachen mei Schmießchen iwwer den duften Hallornumzuch jeläsen hat, wärd sich besinn, daß'ch von den kleen Scheekse mit'n Esel jeschriem hawwe. Dadriwwer ham sich de Hallorn so jefreit, daß den Kleen sei Babba, d'r Schwaacher Riemer, uns jlei an Sonndaache zum "Fingestbiere" injeladen hat, was de Hallorn, so jans unter sich, in ihrn scheen Jarten hinner de Saline feiern taten.

Das war nu e eenz'ches jroßes Familjenfest, wo mir de Hallorn von d'r jemietlichsten Seite kennjelärnt ham: 'n Schwenker abjesetzt, 'n Bälz ausjezoochen, saßen se mit ihre bunten Westen mit Kinnern un Kinneskinnern untern Beem und kimmelten ihr Bierchen. Das worde aus die kostbarn Silwerhumpen aus'n Hallornschatze jetrunken, un da konnte jeder soviel schlawwern, bis m'r aus'n Latschen kippte.

D'r 53. Bächer worde vom Rektor d'r Unneversetät, Professor S t e r n , mit 'ner scheen Rede, aus der die ahle Freindschaft zwischen Talbriedern un Unneversetät rausklang, iwwerreecht.

Denn fiehrten zwee Hallorn den ahln Zappeltanz vor, un dadernach zeichte d'r Fahnschwänker seine Kunst.

Ach, ihr jloobt jä nicht, wie dufte das war, un wie wohl jrade mir ahln Hallenser uns unter unse liehm Hallorn jefiehlt ham! Als Andenken an das wunderscheene Erläbnis ham'r noch e hibsches Salzkärbchen mit heemejebracht, das in Biwwee sein Ehrnblatz jekriecht hat.

*7. 7. 1954*

## 's Bahnsteijbrobblehm

Dorch e butz'ches Ding, das mir neilich bassiert is, bin ich widder uff e ahln Jedanken jekomm: Ich will an een d'r letzten Sonndaache ahmds widder nach Dräsden abdampen. Da fahrn doch nu um achte zwee Zieche bis Leibz'ch, e D-Zuch un e Bärrsonzuch - beede von denselm Bahnschteiche.

In den D-Zuch warn nu unjlücklicherweise e baar Bärrsonwaachen mit neinjekettelt. In den Momente, wo der D-Zuch abfahrn will, kemmt noch e Onkel de Treppe hochjefääjt, fracht m'r: "Richtung Leibz'ch?" Ich nicke mit'n Koppe, der huppt druff - un los jehts ...

Der Mann freite sich nu, weile noch mitjekomm'n war, denn schtellte sich an's Fenster - un wie m'r dorch Jreewersch rasen, da krehlte: "He, der hält ja jarniche!"

Nu jabs enne Uffrechung: E wäre doch uff'n richt'chn Bahnsteij geflitzt, wies anjeschriem schtand unten, un ooch (jrade noch) z'r richt'chn Zeit. Nu mißte erscht bis Leibz'ch fahrn un widder zericke. Was da bloß seine Alte denken sollte, usw. usw.!

Tja, sätharsch, so kann das fix ema passiern. - Ja, un da dacht'ch denn so in meine Jedanken, 's is jä eejentlich ooch nich sehre scheene einjericht'. Uff jeden Bahnsteiche fahrn zwee Zieche in zwee v'rschied'n Richtung'n. Wenn's ooch anjeschriem schteht, awwer werde nich ofte fahrn tut, un besondersch jehts de ahln Leite so, der muß erscht immer noch ema fraachen. (Ich will nu dadermit nich jesaacht ham, dasses meiner Schwiejermutter ooch so jeht ...)

Wenn d'r awwer äfter unterwäjs seid, denn wärd'r mir zujähm, dasses das woanderscht kaum jibbt. Meestenteels hat jedes Gleise seine eejne Nummer, un das is doch wärklich iwwersichlicher. Na - un ema jans unter uns Hallensern jesaacht: Wemmer in d'r Fremde saachen, daß mir in Halle 12 Bahnsteije ham (un nich 6), das heert sich ooch schon anderscht an. (Die Leibz'cher jähm jä ooch jerne an mit ihrn Hoofen Bahnsteijen).

Na ja, 's jäwe da ooch so manchen Jrund. Ihr kennt jä uff d'r Reichsbahndirektsjon ema iwwer die Fraache disketiern. Zwar mißt'n e baar neie Schilder jebinselt wärn, - awwer daderfor täten sich ooch widder e baar Kolläjen von d'r Auskunft "einschbarn" laß'n ...

*19. 10. 1954*

## Läwendje Heematkunde

Wie närrsch frein sich die kleen Jungs un Määchens in d'r 3. Klasse d'r Freinfelder Schule, wenn se Heematkunde ham, weil se da immer so was Scheenes von d'r Schtadd Halle erzählt kriechen. Diesma hatte nu ihre jute Lehrerin enne Iwwerraschung forr se, iwwer die sich ooch jeder jroße Hallenser jefreit hätte:

Kaum hattes jebimmelt, da jink de Tiere uff un rinn kamb - e richt'cher Hallore!!

De Lehrerin hatte sich jedacht, kee andrer weeß iwwer de Jeschichte d'r Salzwärker besser Bescheed un hatte 'n Schwaacher R i e m e r , von den ich schon ema jeschriem hawwe, in de Schule jebeten.

Ich saache eich bloß: Die Oochen hätt'r sehn solln, wie der Hallore bletzlich daschtehn tat mit seine dufte bunte Kluft - mitten in d'r Schulstuwwe! De janse Umjäwunk versank um die kleen Wänster rum, un de tausendjähr'je Jeschichte unsrer Heemat worde läwendch, wo d'r Hallore ze erzähln anfink: Wie vorr vieln, vieln Jahrn in Halle es Salz endeckt worrn is, wie unse Vorfahrn jelebt und jekläjt hamm, von d'r Jrindung unsrer Schtadd, was jä nu bahle 1000 Jahre her is.

Un denn schbannten se alle, wasse von den Sitten un Jebraichen d'r Salzmänner zum besten jab: Von d'r Saline, von Fingestbiere, von Fischerschtechen un Lärchenfang un schließlich - was de Kinner nu selwer schon jesehn hattn - von d'r feierlichen Beärdchung dorch de "schwarzen" Hallorn.

Na un denn, wie d'r Schwaacher Riemer meente, was se noch wissen mechten, jabs ne "reeje Diskussjon". Ach, was worde da alles jefraacht: Wie de Särje nunterjelassen wärn(!), wieviel Hallorn's in der "jansen" Welt jibbt und was noch alles forr butzches Zeich !

Na und denn warn se awwer schtolz, wie se häärten, daß es eenz'ch un alleene bloß in Halle Hallorn jäb, und denn warn se iwwerjlicklich un dankbar, daß dadervon nu sejar eener in ihre Klasse jekomm war!

*18. 3. 1955*

## De Laatscher ...

Ejentlich isses allerhand, wie Kolleje Petrus uns diss Jahr widder an d'r Nase rumfiehrn tut. Was der da ohm forr enne Sorte Wetter macht, is nich ze fassen! M'r muß sich wärglich wundern, daß trotzdem alles jrient un blieht.

Wer das herbstliche Wetter nich scheit un ins Freie schträbt, der wärds nich berei'n. Wemmer ma dorch den scheen Pastalozzipark schlenkert, denn is m'r reeneweg enzickt! Die weißen und roten Blieten an de Beeme in enner Fahrmpracht und enner ipp'chen Fille iwwertrafen alles an Scheenheet! Ooch die vieln bunten Schtiefmitterchen, die een so freindlich angucken mit ihrn kleen Jesichtern, daß m'r sich iwwerleejen tut, warum daß die so e schtiefen Nahm ham, de jlänsenden Tulpen, de schlanken Schwärtliljen un d'r duftende Flieder erfrein doch es Ooche un es Härze von e jeden Menschen (mißte m'r meen!). So was Scheenes kann ehmd bloß de Natur zewäje bring.

Awwer de ticht'chen Menschen wolln ooch was d'rzu tun. Un se leisten ihrn Beitrach: Jahr forr Jahr, wenn's frische Jras schbrießen tut, mit kleen Jänsebliemchen un Butterblum d'rzwischen, sieht m'r erwachsne Menschen iwwern Rasen laatschen! 's sieht jä so hibbsch aus, wenn de Ecken von Beeten in Anlaachen so rundjeträten sinn. Warum sollmern ooch eja uff'n Wäjen bleim?

Wemmer schon keene Beeme wachsen un Blum bliehm lassen kenn, wollmer doch iwwerall zeichen, was m'r jut kenn: Alles scheen breet laatschen ...

*26. 5. 1955*

## E unneet'ches Ding

Wemm'r de liewe lange Woche jekläjt hat, tut m'r sich zum Wochenende järne ma was leisten. Mir koofen uns denn eftersch ema 'ne Pulle Lickär. Un denn flä'z m'r uns jemiedlich in unse Sässel.

Das wußte mei Onkel, un der wollte uns 'ne Freede machen. Der tat uns e Dink schenken, mit den m'r friher de Flaschen uffjemacht hat, e jans altmodsches Dink: e Gorgenzieher!

Was soll e moderner Mensch mit so e Abberate? Heite sin doch uff'n Kimmelpulln die hibschen Ijelittschtäpsel! Mir ham allema e duften Feez, wenn ich 'ne Pulle uffmache! Meestens jeht unter Feixen un Jrinsen e Kichenfuttch fleeten. Aus unsen Jawweln hawwich schon iwwerall de Mittelzinken rausjewärjt. Mit d'r Zange hawwichs ooch schon browwiert. Nach 'ner halm Schtunde Jemorkse hubbt denn der Schtäpsel freelich dorch de Bude. Nadierlich muß m'r die Pulle jans auskulkern, denn der Schtäpsel jeht nich widder druff.

Sähtersch, so ham mir denn unsen Feez, un der wäre uns verdorm, wenn uff ema eener e Abberat zum Uffmachen von Schnapsflaschen erfinden tät.

*7. 6. 1955*

## 's Frollein ...

D'r liewe Sommer - un wenne ooch widder so klaps'ch wärn sollte wie 's vorchte Jahr - bringt doch immer Dorscht mit sich. Mei Direktorfong, den ich als Familjenowerhaupt un Hauptfoordiener foor mich in Anschpruch nähme, jeht in d'r warm Jahreszeit jreeßtenteels foor Bier druff. Kemmt m'r nu bei e scheen Schbazzierjang vor de Doore von Halle in e schattches Jartnloggal, denn bläkt m'r jlei uff'n Kneiper los: "Na, Wärt, denn brink uns ema e Dobb Bier!" In e fein Resterange saat m'r nadierlich: "Herr Ower, ein Helles!!" Immer wie sich's paßt. Heitzedaache wärd m'r alleweile eftersch von Kellnerin' bedient, un ich muß saachen, daß sich das uff'n Jeschmack von Biere manchma jut auswärkt.

Nu taucht daderbei awwer enne Schwierijkeet uff: Solange wie die Särwiererin noch e junkes Dink is, kammer foor se jans jut saachen: "Frolleinchen, ich mechte e freinliches Helles." Bejäjent m'r awwer enner Frau in besten Jahrn, denn kammer bei der Diddelierung "Frollein" schon enne dumme Antwort kriechen. Hat m'rsch nu mit enner Kellner'n zu tune, die in ihrn Berufe ehrnvoll erjraut is, saacht m'rsch jä schon von alleene nich. Na, un "Tante" oder "Oma" is widder zu familjär. Da kennt ihr eich nu vorschtelln, daß ich manchma in so eener Destille sitze un bahle v'rdorschte, weil ich m'r nich traue, enne weibliche Bedienung "Frollein" ze rufen, wenn se nich von alleene kemmt. (Das solls nämlich ooch jääm.)

Unter uns jesaacht, Männer: Wie kommt ihrn in so e Falle zu eiern Bierchen??

*2. 7. 1955*

## D'r Luppert schmust widder!

Wer jestern frieh ma iwwern Marcht jetappert is, der wärd jedacht ham, unser juter ahler Roter Torm is besoffen, mitten in d'r Woche. In eener Tuur tat der schlaan. Un wie'ch nu uff de Ratte schbann' tat, da merkt ich jlei Meise. Nachdem die jroße Tormuhr monatelang uff um zwelwe jeschtanden hatte, ham sich da uff ema kleene Heinzelmännchen dranjehängt - un bletzlich taten die lanken Zeicher e Ruck - noch een, un denn rutschten se lanksam uff de richt'che Zeit. Nadierlich mußte de Jlocke erscht d'rzu abjeschtimmt wärn. Se schluch e Weilchen dorchenander un uff ema jab se ihre erschte richt'che Zeit an: frieh um elwe. D'r ahle Roland schtrahlte bei sein hochjeehrten Freind Händel niwwer, un das sollte heeßen: "Horch, mei Käcker, unser Luppert schmust widder!"

*14. 7. 1955*

## Unse liewe Raaminsel

Nennee, Nachb'r, winke man nich jlei ab, wennste de Iwwerschrift jeläsen hast. So, wie ihr das macht, isses jä ooch Quatsch. Sonndaachsnammiddachs um dreie bei 'ner Jluthitze därf m'r nadierlich nich uff de Raaminsel jehn. Jaja, ich weeß, Oma, neilich warn de Leite an d'r Dampferhaltestelle so schtießlich und ham dich in e fremden Kinnerwaachen jeschubbt. Na ja, ich will jä eich nich abhalten, da hinzejehn, sonst kemmt m'r alleweile d'r Kneiper uff'n Kopp, der freit sich doch, wenn's recht voll is. 's is v'rleicht ooch dumm von mir, eich das ze vorraten un uns de Ruhe zu nehm. Awwer eens saach ich eich: Wenn ihr de Raaminsel jenießen wollt - un nich 'n Bohnenkaffee - denn mißt'rsch machen wie mir.

Um siem sinn mir uff d'r Insel. Frieh, nich ahmds. Naja, freilich, e Resterang is da noch nich uff! Die ham an Sonnahmde bis um eens Schwoof jehatt un denn abjerechent un uffjereimt. Awwer Konzärt is schon! D'r Kuckuck is d'r Kapellmeester un de kleen Sänger, alle sing' um die Zeit an scheensten. Kee Mensch bläkt d'rzwischen! De Wilde Saale rauscht um de Insel rum, un wemm'r e Weilchen an Wehre ohm schteht, v'rsinkt m'r bei den Jabrause in e andächt'ches Simmeliern ...

Da saachen mir allebeede jarnischt, wemm'r weiterjehn, da horchen mir und gucken. Horchen uff die feierliche Morjenandacht in Schtreichern un Zweichen un gucken uff all das kleene Jekrawwle um een rum. De lust'chen Schmetterlinge bejrießen een jans erschtaunt, de fleißchen Bien sinn schon bei d'r Kläje, forr die is kee Sonndaach. Uff'n Wächen krauchen in aller Seelnruhe kleene un große Schnecken rummär, de zwee dinn' Härnerchen vorsicht'ch rausjeschteckt un bei jeder Beriehrung ängstlich einjezoochen, un manch eene is schon von so e jroßen Schlaakse kaputtjelatscht worn. Enne winz'ch kleene jraue Maus mit schwarzen Schtecknadelkuppen als Guckoochen hamm'r neilich bei d'r Morjentollette beowacht. Die blieb mucksmaischenschtille sitzen un dacht anscheind: "Die jetz schon hier schbazziernjehn, ham beschtimmt e jutes Herze!"

Sähtersch, das nenne ich nu Sonndaach. Das is Frieden, tiefster Frieden! Un forrs Herze is das scheen. Da missen sich die Menschen jut wärn, wenn ses noch nicht sinn. Das mißt'r ma erlähm, un uff sich wärken lassen, denn wärd'r ooch v'rschtehn, warum ich saache, "unse liewe Raaminsel"...

*16. 7. 1955*

## Es scheenste Fest

Es scheenste Fest im jansen Jahr
is im Aujust. 's is wärklich wahr.
Ihr feixt? Ihr wißt's gewiß schon alle?
Ich meen's Ladärnenfest in Halle.
Von iwwerall schtreemt Menschheet her,
als wenn im Himmel Jahrmarcht wär.
M'r drängelt sich, schteht uff een Been,
doch jedes Jahr heeßt's: "Nee, wie scheen."
Mit e Konzärt, mit Tanz und Schbiel
ereffent wärd das Festjewiehl.

D'r Hehepunkt bei jeden Male
is an d'r Borch, an unsrer Saale.
Ze Middaach liejt de janse Blase
uff enner Decke schon in Jrase.
Nischt jeht den Oochen da v'rlorn,
am wenichsten de ahln Hallorn.
Wenn die ihr Fischerschtechen zeichen
un eftersch in de Saale schteichen,
denn quietschen vor Bejeistrung alle.
Hallorn jeheern nu ehmd ze Halle!
Uff ema juwelt los es Velkchen. -
Am Himmel zeichen sich zwee Welkchen.
Als kleener Vorjeschmack d'r Nacht
wärd Taachesfeierwerk jemacht.
Denn komm de Boote, fein jeschmickt!
e jeedes Ooche is entzickt.
Mir singen heematliche Lieder,
un lanksam sinkt de Dämmrung nieder.
Nu kemmt es Scheenste dran von Feste,
forr uns Hallenser un de Jäste:
Is unser Saaletal richt'ch dunkel,
jibbts uff'n Wellen e Jefunkel.
Un de Fongdän' mit "Zisch" und "Braus"
die schteichen aus'n Maium raus.
Von allen Hehen jrießen Lichter.
De Menschenmasse drängt sich dichter.
Un denn flammts uff, uff unsrer Borch -
E Knall!! Manch een jehts dorch un dorch.
Denn prasselts los - es schbriehen Schterne!
Warum ham das de Menschen jerne?
Weil' Licht is, das jen Himmel schbringt
un kiehn de Finsternis dorchdringt.
Viel heher noch wie all die Kerzen
fliecht und die Sehnsucht aus'n Herzen.
Nach Sied un West, in alle Zonen,
wo iwwerall noch Deutsche wohnen.
E heeßer Wunsch schteicht bei de Schterne hin:
Mir wolln e eenzches Volk von Briedern sinn.

*13. 8. 1955*

## Uff'n hall'schen Jahrmarchte

Geka ist aus dem Urlaub zurückgekehrt, und nun hat er sich schnell noch einmal auf dem Jahrmarkt umgeschaut, der am Sonntag zu Ende geht. Und was hat er da erlebt?

"Hach Jott, der weeß wo ooch nischt bessres, wie uff den ahln Jahrmarcht zu loofen? Wer jeht'n da noch hin? Nammiddachs de Ginner und ahmds de Liewesbärchen und die, diede welche wärn wolln. Das is doch eeja dasselwe!"

Schtimmt. Awwer ich findes jrade indressant, weil m'r dort beowachten gann, wie m'r sich selwer als gleener Gäkker und als v'rliebter Scheeks benomm hat. Das bleibt näm'ch ooch immer dasselwe.

Guckt eich bloß ema die gleen Wärchels an, wenn die Garresell fahrn. Schtols wie e Gickeriehahn schteht da e blonder Gnärbs uff d'r Schtraßenbahne un dreht de Gorwel um un dumm, und de fimfjährichen Fahrjäste bimmeln nach Leiwesgräften. De Jreeßern klemm' sich nadierlich nich mehr uff so e Lillebudanderauto, die fahrn uff e Rade, de Mut'chen zujar freihänd'ch. Na, un denn tut sich das schteijern: De Backfische jehn uff's Riesenrad, weils da so scheen dorch und dorch jeht. Es friehreife Carlchen tut in d'r Jeschbänsterbahn, wo sich's Määchen färcht, sei erschtes Gißchen riskiern. In d'r Albenfahrt rasen de närrschen Scheekser uff Bobbs (das is de Mehrzahl von e Bob, nich was ihr denkt!) dorch de Gorwe. In Autoschkooter ergennt m'r ofte jleich, werde schbäter ma de Ziejel in d'r Hand ham wärd.

Na, von den Rumjedoowe jibbts nadierlich Gohlndamp. Beter schbändiert seiner Gleen von sein erschten Selwerforrdienten e Wärschtchen un bekläckert sich for lauter Uffreechung sein fein Schlibbs mit Mostrich. Eener fittert seine Flamme bloß mit Eis un wundert sich, wenn die uff'n Ahmd mehr und mehr abkiehlt. Wer gee Jlicke in d'r Liewe hat, der hat's in Schbiele un jewinnt velleicht an d'r Dodolosbude e jefillten Eemer als "freie Auswahl", derde'n Achelbutz forr de nächsten värrz'n Daache sichern tut.

An Riesenrade, wo noch e ahler Musikautemate seine Arijen zwischen den lauten Jebläake forr sich hinnuddelt, lehnte, wie wir da warn, Zitherreinold, jans außerdienstlich un rasiert, un horchte uff de Deene, die'n anscheinend an sein Leiergasten erinnern taten.

Sähtersch, so is d'r hall'sche Jahrmarcht immer widder alt und neie, immer indressant, un wenn ema genner wäre, hätte m'r e duften Feez weencher.

*10. 9. 1955*

## De Mark ...

Es heeßt bloß immer, daß de Berliner schlaachfert'ch sinn, daderbei gamm'r dächlich märken, daß ooch de Hallenser nich uff de Lawwe jefalln sinn. Neilich gamb'ch von d'r Kläje un tat mit'r Schtraßenbahn heemefahrn. Mir wissawie hatte enne Dame de Bank belejt, wie m'r se eejentlich bei uns heite bloß noch selten findt. Die war so fein, dasse sich selwer mit "Sie" anschbrach. Deswäjen war s'r ooch de Schaffnern wiel zu jeweenlich, als dasse die mit e eenzchen Blicke ooch nur beacht' hätte. Se illerte also zum Fenster naus, hielt der Schaffnern eene Mark hin und saachte keen Doon. Die war nun jans bei d'r Sache, grappschte sich die Mark un drickte in die unjeduld'ch hinjehaltne Hand enne Achterkarte. Da worde die Dicke bletzlich läwend'ch und bläkte de Schaffnern an: "Was soll ich denn mit 'ner Achterkarte? Ich wollte doch ein Umschteijer!" Die guckte awwer die Dante bloß freindlich an, hob de Schultern leichte hoch un saachte forr se: "Tja, meine liewe Dame, das schtand awwer uff der Mark nich druff!"

*14. 9. 1955*

## De gleen Färgels

Mit unsen Bedriewe war ooch ich z'r Bärjung d'r Zuckerriem bei enne LBJ in Saalkreis jefahrn. Weil m'r sich nu nich selwer loom soll, will ich nich schreim, was mir jeleist ham, sondern, was ich Schbaßches erläbt hawwe daderbei.

Bein Bauern Willäm hatte de Sau Junke jegricht un war gorz d'rnach jeschtorm. (Das is erscht ema es Drauriche.) Da gamb de Nachb'rn vorrbei, mit d'r Gleen an d'r Hand. Der hat's Willäm jlei erscht ema erzählt. 's Mächen, diede velleicht drei bis vier Jahre alt jewäsen is, schtand d'rbei un bejriff das nu noch nich so.

Wie se denn e Schticke weg warn, dat de Gleene fraachen: "Mutti, warum warn d'r Onkel Willäm so draurich?" Wie sollte se s'r das nu aus'nanderklamiesern? "Na, basse ma uff, mei Hase", fink se denn an, "du hast doch jestern die gleen Färgels jesähn bei Willäms, diede noch gleener sinn wie unse. Na ja, sißte, die ihre Mutti is nu in d'r Nacht jeschtorm. Das is doch wärglich draurich forr die gleen Viechter."

Da guckte die Gleene erscht jans bedäbbert, awwer uff ema schtrahlte se: "Ach du, da ham's doch unse Färgelchen besser, du lebst doch noch, Mutti ..."

*22. 10 1955*

## Seefengontrolle!

An letzten Sonnahmde dacht'ch uff eema: Jehst ma ins Schtaddbad, da is doch heite de Schwimmhalle jeeffent. 's is eejentlich erscht siem Wochen her, daß de an d'r Ostsee warscht, bis zum Feste sinns ooch noch zehn Wochen, awwer dei Gärper freit sich velleicht doch, wenne ma mit Maium in Beriehrung gemmt.

Wie ich nu in de Männerschwimmhalle neingomme, saat d'r Bademeester forr mich: "Ihre Seife, bitte!" Ich gucke den an: "Meine Seefe? Was wolln Sie'n mit der?" - "Kontrollieren!" Zufällich hatt'ch welche mit. (M'r weeß manchma nich, wie m'r es Zeich jebrauchen gann.) Wer se nu v'rjessen hatte, der mußte jlei e Schticke forr'n Jroschen goofen.

's is jä ooch jans richt'ch, daß forr Reenlichkeet jesorcht wärd. Was solln das in den gleen Becken forr ne Briehe wärn, wenn sich da dächlich e baar Dausent Menschen, ohne sich vorrähr abzeseefen, wässern! Ich hawwe denn noch jeheert, de Badevrwaltung hätte das anjeordent, damit sich die Sießwasserdaucher mit die neimod'schen Daucherbrilln un Jummiflossen unten zerechtefinden un sich nich jejenseit'ch es Gnärzchen einrenn ...

*28. 10. 1955*

## Hallenser, Hallunken - Dufte, dufte?

*E baar Bemärkung z'r Ereffnung von Karnewal*

's eenzche, wo geener was dr for gonnte, war d'r Näwel ...

Da wars denn bejreiflich, daß d'r Elfer-Rat nich binktlich um 19.11 Uhr anfang gonnte. Darweile worde denn jeschwoft. Eene Schtunde schbäter fink denn der offizjelle Deel an. Weil d'r Brässedente noch nich da war, schtellte d'r Zerremonchenmeester 'n Elfer-Rat, der, bis uff de schbaßsche "Obbesitzjon" noch ziemlich schichtern dat, d'r Effentlichgeet vor. Mit viel Rageten und Karnewalsrufen "Hallenser - Hallunken" bejrießten de Scheekser un Määchens es Bräsidjum.

Na un denn gamn de Bittenredner. Ich weeß nich, ich hawwe mir dadrunter velleicht was andres vorjeschtellt, e baar alte un neie Witze, wie se da jebracht wordn, hätt 'ch z'r Not ooch noch jegonnt. Uff ema finks Licht an ze flaggern - un bletzlich war de Lambe duster! In Oochenblicke sahks aus, als ob eener 'n Karnewal sabbediern wollte. Awwer jlicklicherweise ließen de Hallenser sich nich in ihrer duften Schtimmung schteern. Denn flammten Schtreichbeene un Feierzeiche uff un weiter jinks. Darweile war schon der anjegindchte Jast aus Disseldorf erschien. M'r erhoffte sich nu e Gostehäbbchen von echten Rheinländer Karnewalsfeez. Er dat ooch jans jut ansetzen, awwer denn brachte e baar "Witze" die nich anjegomm sinn. Dankbar worde drum der aus Berlin jegommne Gomiker Stopf emfang. De Leite wolln ehmd bein Karnewale was Lust'ches heern!

De Schtimmung gamb widder heeher, wie um zehne rum d'r Brässedente, unser liewer Erich Heimbach, uffgreizte. Awwer wie denn es Volk schtatt schunkeln liewer schwoofen wollte, zooch sich d'r Elfer-Rat zericke, un de Bärchen schtärzten sich uff's Bargett, um ihre 4 Mark Eintritt(!) weechsten abzedansen.

De Gabelle Birnschein jab sich jä alle Miehe, awwer m'r merkte ehmd, daß so e richtcher hallscher Karnewalsschlaacher fehlt. Mit 100 ma "Halle schteht gobb" un 200 ma "e dreier Husar" därf d'r Karnewal nich weiterjehn.

Eens is mir jedenfalls glar jeworden: De jung un ahln Hallenser wolln jerne Karnewal feiern, awwer richtchen, duften Feez wolln se ham! Also, hochv'rehrter Elfer-Rat, hier is ne dankbare Uffjawe - bloß richtch anjefaßt muß se wärn, daß m'r mit Erich Heimbach sein Worten hinterhär ooch saachen gann: "Dufte, dufte!"

*15. 11. 1955*

## Hall'scher Weihnachtsmarcht

Nu isses widder ma soweit:
Es gemmt de liewe Weihnachtszeit,
un daderbei erfreit uns alle
d'r scheene Weihnachtsmarcht von Halle.
De Buden schtehn in Reih un Jlied,
m'r heert es erschte Weihnachtslied,
un in de winderliche Luft
schteicht Gräbbelchen- un Wärschtchenduft.
Will eener een ne Freide machen,
denn find' der hier de scheenste Sachen:
Forr Muttern enne Gittelschärze,
forrn Schatz e Fäfferguchenhärze,
ne Borzellanfijur forr Glärchen,
forrn Schwaacher Justav e Liggärchen,
forrn Vater e Baar warme Socken,
na, un forrn Chrißboom bunde Jlocken.
Jreift eener geß in Losdobb rinn,
denn ganne ooch ne Jans jewinn!

So jibbts nähm Nissen un nähm Aebbeln
zum Gimmeln manches un zum Bäbbeln.
Mehr wie de Gärzen, unjeloochen,
schtrahln all die jroßen Ginderoochen,
un uff die lustche gleene Schar
freit sich d'r Roland jedes Jahr.
Vor'n Ratshof leicht' d'r "Boom forr alle." -
Das is d'r Weihnachtsmarcht von Halle!

*10. 12. 1955*

## Was macht ihr'n Silwester?

Weihnachten feiern de Menschen meestens alle eejal, awwer Silwester hat jeder so sei Brojramm. De Schlaun ham vor Wochen schon Garden in Hallorngaffee besorcht, da gonnten se sich z'n Feste ruh'ch v'rausjaam, de Zeche for Silwester war dadermit schon berappt. Manche lejen allerdinks uff e hibschen Rahm geen Wert, die jehn in de nächste Gneibe, lassen sich volloofen bis an Schtehgraachen un rueniern denn mehr, wie se es janse Jahr jeleistet hamm. Halbwiechs'che jochen (schon de janse Woche) mit Feierwärgsgärbern alden Leiden un Fraun, diede ahmds von d'r Gläje gomm, Angst ein.

Es Jejendeel sinn nu widder de jans Soliden, die sich zeit'ch in de Falle lejen, um es neie Jahr frieh um neine "ausjeschlafen" zu bejrießen. Scheen isses jä, wemmer sich an letzten Daache ma iwwerleejt, was es Jahr alles jebracht hat un was m'r in nächsten besser machen gann.

Meestens feiert jä nu de V'rwandschaft zesamm Silwester. Dante Jrede macht e Dobb Härinkssallat un Onkel Baul sorcht forrn Bunsch. Solange wie de Wänster noch nich in Neste sinn, wärd "Schraps hat'n Hut v'rlorn" jeschbielt. Schbäter wärd denn Blei jejossen, un Onkel Oddo jeht "e häbbchen aus sich raus" (!). Bei der Jeläjenheet wärd ooch ofte "Waffenschtill-schtand" mit d'r Schwiejermudder jeschlossen.

Ich bin jä nu der Meenunk, es därf drotz d'r Besinnunk nich mährich wärn, awwer ooch d'r Algeholjenuß, dem ooch mir uns immer jerne ma widder hinjäm, därf nich so weit jehn, daß es neie Jahr mit 'ner Algeholv'rjiftunk anfängt.

Alln mein liem Freinden will ich awwer nu forrs neie Jahr alle Jute, besondersch Jesundheet un Frieden un e baar Fennche in Bordmannee winschen! Un in neien Jahre schmust widder weider Eier G. K.

*31. 12. 1955*

## Wärwefunk

Uff'n Marchte is es "Jroße HO". Frieh um neine wärd das jeeffnet, un dadermit bejinnt de Schbitzenbelastungszeit - forr de Närven von den Menschen, die in d'r Nähe gläjen! Mit ner Lautschtärke, daß m'rsch in Bellwärj und Jiewichenschteen heert, jeht d'r Wärwefunk los. E Lautschbrecher bläkt Schlaacher in de Jejend, un denn blärrt ne Schtimme iwwer Marcht: "In unsrer Herrndrickedaaschenabteilung griechen Se jefitterte Underhosen ab nein Mark fuffz'ch."

"For de ellejande Dame ham'r hibsche Wildläderbämbs in alle Jreeßen zu eenachzch Mark." Dadernach widder Schlaacher. Jede Schallblatte wärd an Daache dreißch ma runderjeleiert!

Manchma bassen de Dexte zu den, was sich in d'r Umjäwunk abschbieln dut, wie de Faust uff's Ooche: Schteht ne Oma an d'r Bordgante un draut sich nich iwwer de Schtraße, da singt doch d'r Lautschbrecher "Du mußt dich doch nu endlich ma entscheiden ..." Eener is von d'r fahrnden Schtraßenbahn jehubbt un muß bein Volksbollezisten 3 Mark blechen, da singts jrade "Du hast ja Dränen in den Oochen ..." Zwee Autos sinn zusammjeschtoßen, jlei wärn se mit den Schlaacher jedreest "Mach dir doch heide geene Sorjen ..." Un forr de Marchtfraun, die hinder ihrn Jemieseschtande an de Beene friern, schbieln se "Binguin-Mambo".

Nu ha'ch m'r saachen lassen, daß d'r Wärwefunk unbedingt neet'ch is. M'r mißte jä das ema ausbrowwiern, indäm m'r eene Woche Mussieke macht un eene niche. Ich gloowe, da gomm in der zweeten Woche mehr Leide, weil se in Ruhe eingoofen genn un weil de V'rgaiferinn nich so närrwees sinn wie bei den Grache.

*21. 1. 1956*

## Winderschbazzierjank

Also, letzten Sonndach wärsch jä nu alwern jewäsen, wemmer widder heeme jebliem wärn. Mir sin zwarschtens mächt'ch zeit'ch aus'n Volksbarke jegomm, wo mir an d'r Uruffiehrunk von unsen Garnewalsschlaacher deiljenomm ham, awwer die scheene glare Winderluft war doch es beste Middel jejen unse zwee glenn Gaderchens. So sin mir denn, wie m'r unsen Sonndaachsachelbutz alle hadden, in de winderliche Naddur jewandert. Un mir war'n nich de Eenz'chen. Jans Halle war uff'n Been, um 'n Winder ze bejrießen. Jroß un gleen war mit Schiern un Schlidden underwäjs, eener mit'n Bullower uff Dallje, andre mit Belsmändeln un mit'n Muffe. E Babba glutschte mit'r Gleen uff'n Schlidden un ließ sich von d'r Muddi zerrn. Iwwerall wo e "Bärj" war, rodelten de gleen Scheekser uff ihrer Gäsehitsche un greehlten sich warm. Uff d'r Ziejelwiese war es reenste Winderschbortbarredies. Da is Gordina mit sein häbbchen Ollimbjade nischt d'rjejen! Hier war jeder eenzelne e Gunstlaifer! Bloß weil's so voll war, gonnten nich alle ihr Genn zeijen. Außerdäm worden de Ginstler ofte von den beriehmten Eisschnellaifern umjeschubbt. Schbann'de Gämfe druuchen de Eishoggeschbieler aus, die mit Schbazzierschteckern 'n Leiden Schteene zwischen de Beene fitschten.

Iwwerall war Lähm, iwwerall worde jelacht, un wenn eener ma uff de Gusche jefalln war, heerte der d'rweile uff ze lachen un iwwerließ das sein Zuschauern.

Middlerweile haddn mir awwer Eisbeene jedricht un war'n denn doch froh, wie m'r ahmds widder heeme war'n.

*18. 2. 1956*

## Windersonnenschein

In Sommer scheint de liewe Sonne
fast dächlich, manchma uns z'r Qual.

Doch jetzt in Winder, welche Wonne
bringt da d'r gleenste Sonnenschtrahl!

Wenn mir so beede jans jemiedlich
dorch de v'rschneite Heede jehn,
un dorch de Zweiche huscht jans niedlich
e Sonnenschtrahl, denn is das scheen!

Un wenn mir uff'n Gellerbärje
uns frei'n an Sonnunderjange,
denn singt zwar heide geene Lärche,
doch wart' - es dauert nich mehr lange!

*18. 2. 1956*

## D'r Läns gemmt!

Gaum is d'r letzte Schnee jedaut,
da wärds uff unsen Hofe laut.
Ich gucke aus'n Fenster -
Wer macht den Grach? De Wänster!
Zwar hat's bein Gläjen mich jeschteert,
doch hawwich's lange nich jeheert,
drum guck' ich zu un schbiere:
"D'r Läns schteht vorr d'r Diere!"

*März 1956*

## Beschmußung ... (?)

's jibbt welche, die gee Hall'sch heern genn. Wenn sich naddierlich eener so richt'ch dofflich ausdrickt, ganns jä ooch färchterlich gling. Awwer bei de Berliner oder Bayern oder sonst een aus ärjend enner Jejend heert sichs in so e Falle ooch nich scheener an. D'r Don macht ähmd de Mussieke. Drotzdäm is d'r Dialekt de unv'fälschte Mudderschbrache un e Schticke Heemat. 's Hochdeitsche d'rjejen is doch mächt'ch schwer! Jrade heitzedaache dauchen eeja neie Wärder uff, un m'r muß andauernd Woggaweln d'rzulern. Ich will da bloß ema ee Beischbiel rausjreifen: Uff'n Brojramme von Deader der jung Jarde las ich neilich "Kreisbeschbielung in Bidderfeld". Erscht dacht'ch, daß sich's daderbei um e Schticke handeln dut, wo se de Drehbiehne benutzen. Awwer denn schtand da noch "Werkbeschbielung in Wolfen". Ich dachte: "Da wärste d'r jedaischt ham." E Anjeheerijer d'r Indellejens nannte m'r uff meine Fraache e Fremdwort, das frieher daderfor viel jebraucht worde: "Jastschbiel".

Dadernach bin ich in grankhaftes Simmeliern vrsunken. Was sich da forr neie Meechlichgeeten erjäm, Gollejen! Was sich da forr unjeheire Berschbekdiefen ereffen, wemmer die Erfindung voll ausbaun dut! Zum Beischbiel: De Beschneiung is vorrbei, un de Bebläddrung d'r Beeme bejinnt in Gärze! Macht eich doch ema den Feez un erfind solche Wärder, das jibbt ne dufte neie Jesellschaftsbeschbielung.

Ich selwer wäre forr mei Schmießchen jetz Beschmußung saachen. Bloß eens wärde m'r nich jefalln, wenn se uff d'r Redaktsjon, wo das offezjell "Loggalschbitze" oder gorz "Schbitze" jenannt wärd, von nu an "Beschbitzelung" saachen wärden.

*10. 3. 1956*

## Unser Hall'scher Zoo

Nischt machte mich als Gind so froh,
wie e Besuch in unsern Zoo.
Noch heide ziehts mich dort so hin,
weil ich e Dier- un Zoofreind bin.
Ich genne jeden Wäch un Schteen,
un immer widder find ich's scheen.
Doch wenn denn erscht d'r Flieder blieht,
wißt'ch nischt, was noch soo hibsch aussieht!

Na - un die Diere jroß un gleen!
Wo hat mr'n sowas schon jesehn?
Jans vorne jlei, de Bärn in Zwinger,
das sinn doch e baar lustche Dinger.
Die gauern in dr Gäfichmidde
un machen freindlich "Bidde - Bidde!"
In Raubdierhause denn, die Diecher,
sinn grußlich, awwer schmugge Viecher.
E bißchen draurich sinn de Leem,
die liewer in d'r Wieste leem.

Es dicke Elefandenmächen,
de Frieda, dut zejar noch gläjen:
Den Leiergasten schbielt se freehlich,
un alle Ginder sinn denn seelich.
In unsen scheen Aquarijum,
da loof ich jerne unden rum.
Dort sieht m'r Fische - welche Bracht! -
fast wie aus Dausendeener Nacht.

Jedoch in Affenhause, Leide,
jibbts schtäds de allerjreeßte Freide!
De Affen sin v'rgniejt un froh,
(V'rschiedne ham e roden Bo)
se gleddern quietschend in de Heehe,
un manchma suchen se ooch Fleehe.
Es Nilfärd is nich jans so munder,
das daucht an liebsten immer under.

Nu sinn das längst nich alle Diere,
die ich in mein Jedicht uffiehre.
An Veecheln jibbts ne janse Reihe,

un Härsche mit e Mordsjeweihe,
Gameele mit zwee jroßen Heggern
un Ziechen, diede jerne meggern,
ooch Biffel, Welfe un Hiän',
die mißt ich alle noch erwähn'.

Doch denke ich, das fiehrt ze weit.
Nehmt Eich doch selwer ma die Zeit,
besucht ema den Zoo von Halle,
weil sich das lohnt in jeden Falle.

*Mai 1956*

## Unser Jarden

Jeden Daach, wenn eenjermaßen Wedder is, machen mir e gleen Schbazzierjank dorch'n Bestalozzi-Bark. Das ist in Friehlinge forr uns es Allerscheenste. Mir ham nu geen Schräwerjarden un sinn ooch alle beede nich sehre dadrfor, weil m'r leichte e Schklawe von so e Jarden wärd. Awwer wenn ich um fimfe von d'r Gläje gomme, sach'ch forr de Frau: "Gomm, meine Gleene, mir jehn in unsen Jarden." Denn faß' m'r uns bei d'r Batschhand un bummeln von Bellwärjer Wäche bis nuff an de Diesterwächschule un zericke.

Da guck' m'r uns denn so richt'ch satt an der Farmbracht d'r erschten Friehlingsblum, un d'r Aerjer von jansen Daache dut v'rschwinden. Unden an d'r Lademannschtraße is jetz alles voller Schtiefmidderchen, jelwe un lillane, d'rzwischen ne Menge buntschillernde. Un ohm driwwer schtrahln joldjelwe Forsiedjenschtraicher, un an alln Bischen un Beem gomm de Blädder raus. Uff'n heechsten Boomschbitzen sitzen de Amseln un sing'n. Habbt ihr eich schon ema die Zeit jenomm un eener e Weilchen zujeheert? Die schwatzen doch so richt'ch hibsch un v'rnimft'ch. Ab un zu quäkt aus e Ginnerwaachen e gleenes Wärmchen d'rzwischen, das sein erschten Friehling erläbt. Junge Bärchen in ihrer erschten Liewe loofen nähmnander her, gucken sich v'rliebt an, un wenn se an een vorbeijehn, lassen se sich los un dun jans unindressiert.

Allerdings gomm nu ooch widder de Schädlinge! Ich meene nich de Blattlaise, sondern die Menschen, die's nich lassen genn, mit ihre Flurschadenbredder iwwer de Ecken von Beeden ze laatschen un de Naddur ze v'rschandeln. Na, velleicht erfind' da ema eener noch e wärgsames Schädlingsbegämfungsmiddel.

*12. 5. 1956*

## 's Giewitz-Barredies

"Alle Veechel sinn schon da ..." sing de Ginner widder, un se ham recht. Uff'n heechsten Beem fleeden de Amseln, in d'r Heede ruft d'r Gugguk, un an Schtaddrande drillern de Lerchen.

Midden in d'r Schtadd awwer, in Barke in d'r Leninschtraße, is e beliebter Uffendhaltsort forr die sonst so scheien Giewitze. Dreißch solche gluuchen Veechel hawwich da neilich endeckt. Zwischen bliehnden Fliederbischen hadden sich die um zwee schteenerne Dische versammelt, an den' Männer saßen, die e zinftchen Schgat dreschen daten.

De meesten Giewitze hadden ne Dasche undern Arme un warn uff ihrn Heemwäje jans zufällich da vrbeijegomm. E ahler Giewitz hadde in Ginnerwaachen sei Urenkelchen bei sich. Giewitzweibchen warn nich drbei.

Wenn nu e Mann ne Garde uffn Disch haun dat (leider gnallts hier nich so scheene wie uff e Holzdische), denn gaakten de Giewitze los: "Der war jut, Golleje, nu mache fix den andern!" oder "Den hastes awwer jejeem!" Da freide sich immer eener von den Schbielern un zwee ärjerten sich. - Dat awwer e Giewitz schrein: "Du Matzbläke, warum hastn nicht bedient?" oder so ähnlich, denn jabs Feier: "Halt de Gusche, du Blähschaf! Schbiele ich oder schbielst du? Mache dr heeme bei de Mudder, un beeble nich friedliche Leide an!"

E Wort jabs andre, de hallsche Schbrache is jä soo ausdrucksvoll. Awwer jewehnlich beruhchten se sich bahle widder. De Giewitze schtehn schließlich under Naddurschutz.

*2. 6. 1956*

## Dr Vrsuch ...

"Kürzlich ..." so fink ne Middeelung an, die von Owerbärjermeester sein Vrdräder gamb. - "Das können Sie mal schreiben!" meente dr Redakdeer. Awwer "kürzlich" is doch nu gee Wort forr mich, desterwäjen muß'ch anderscht anfang:

"Neilich" hat de Schtaddreenijung ema e Vrsuch jemacht, um rauszegriechen, wie's gemmt, daß unse Schtadd immer so dreckch aussieht. De Gollejen ham een frieh ema von fimfen bis sechse jegährt, anjefang an Marchte, de Schmärschtraße lank, iwwern Alden Marcht, Rannesche Schtraße, Franckeblatz, 'n Schteenwäch nuff bis u'ffn Rannschen Blatz. 's muß jä hibsch ausjesehn ham so reene! De Freinde ham selwer Schbaß dran jehabt. Vor alln Ding warn de Schtraßen leer, un se brauchten nich immer mit Gährn uffzeheern, wie se das an Daache manchma machen, wenn Leide vrbei wolln. Awwer - nach zwee Schtunden, wie dr jreeßte Berufsv'rgähr vrbei war, sahks widder aus wie bei Schweins!! Fahrscheine, Zireddenschachteln, Babbier von Bemm un was nich noch alles gullerten uff dr Schtraße rummär, als wenn jar nich jegährt war!

Nu will ich weider geene Mährde machen, bloß ne Breisfraache mecht ich schtelln:

"Gennt ihr eich das erglärn, wie unse Schtadd immer widder sooo dreckch wärd??"

*9. 6. 1956*

## Bloß 'ne Selder ...

An letzten Sonnahmde jejen halb elwe ahmds schtiech an Rannschen Blatze e junkes Ehebaar in de "Sechse". Se mußten von Vrgniejen gomm, denn beede warn jut uffjeleecht, un dr Mann machte mit dr Schaffnern sein Schnärz.

"Das hat mr jä selden", saachte forr de Frau, "daß ne Schaffnern so schbäde ahmds noch so freindlich is. Ich mechte doch nich forr Jeld un jude Worde mit der dauschen. - Wie lange ham S'n noch?" "Bis halb zwee!" "Achjottachjott! - Na, morjen is jä Sonndaach, wa?" "Ja, forr Sie! Ich hawwe Dienst von zween bis de Nacht um zwelwe. Un de Ginner wolln morjen ooch was ze essen un anzeziehn ham."

Jans ernst war se da jeworden, un wie mr an dr Ludwichschtraße hielden, meente se: "Dort ohm wohn ich. Da schlafen se schon. Wenn ich bloß e ma fix hochflitzen un was drinken gennte, ich hawwe färchterlichen Dorscht!"

De Bahne war an dr Endschtatzjon anjegomm, de Leide schtiejen aus, un 's Bersenal rangschierte. Uff ema, nachdem 'e was zr Frau jesaacht hadde, fäächte dr junke Mann los, flitzte bei Weinrichs in de Gneibe un - gamb mit ner Selderbulle zericke, jrade wie de Bahne losfahrn dat.

"Hier, meine Gleene, was for'n Dorscht!"

Un in Abfahrn heerte mr de Schaffnern noch rufen: "Scheen Dank!! Sie sinn awwer e liewer Fahrjast!!"

*15. 6. 1956*

## De Zugucker

Jewehnlich bin ich iwwers Wochenende heeme. An letzten Sonnahmde nu gomm' ich iwwern Marcht, an Ratshofe vrbei, un sehe jrade, wie e fein anjebutztes Baar die breede Drebbe runderschteicht, er in Schmoginge un sie in Ahmdgleede. "Aha!" dacht'ch, "die ham sich's jedraut, sich draun ze lassen." Naja, warum soll's andern besser jehn wie unsereen? Nu war das awwer noch nich alles, wasses ze sehn jab. Aus 'ner Daxe schterzten noch e baar Leide in Sonndaachsschtaade uff die zwee zu un drickten se un gißten se, daß mr selwer Abbediet griechen dat. Denn daten se alle ze zween andräten, marschierten uffs Audo los un gutschten drvon.

Uff'n Blatze blieben bloß de Zugucker, zufällche un - schtändche. Ich dat nämlich zwee Omas beowachten, die jans jenau uffjebaßt hadden: "Oh, du, die hadde awwer e viel scheenres Gleed an wie die vorchte!" "Bloß schade, dasses so iwwern jansen Marcht jeschleeft hat." "Ach Joddchen, un wie die jequäkt hat ..." "Ach, mich jinks dazema ooch so. Die beruhcht sich schon widder." "Na, ma sehn, was de Nächste anhat - un ob die ooch widder weent ..."

Wie'ch das heerte, da dacht'ch: "Hier machste dr dammfeichte, das is bloß was forr Fachleide!" Awwer alln junken Bäärchen, diede heide dasselwe dorchmachen missen, winsch' ich zu den jewaachten Schridde wiel Jlicke un e reichen Gindersääjen!

*6. 10. 1956*

## Uff dr Wiese

Wenn uff'n Sonndaach wisser so e zempes Wedderchen is wie de letzten Daache, denn mißt'r ma uff de Bassendorfer Wiese gomm. Mir warn vorchden Sonndaach da un wolln ooch morjen widder hin, weil's orndlich scheen is dort. Da rauschen rinksrum de bunden Beeme, de Saale dreemt for sich hin un in mildn Härbstwinde schwääm Sejelfliejer. Viel Feez gamm'r bein Drachenschteijen erläm. Mir ham da e Babba mit sein gleen Schbreßlinge beowacht. Se haddn e roden Drachen, un der wollde nu nich so, wie sich die beeden das jedacht haddn. Ema nahmb dr Babba 'n Drachen un hieldn in de Heehe, un dr gleene

Scheeks in jelm Anneragge flitzte mit sein gorzen Been iwwer de Wiese; denn daten se dauschen, awwer das Biest war gaum zwee Meder hoch, da machte e Gebbert und - laach in Jrase. Da jingn se alle beede hin bein, friemelten drannerum un vrsuchdens immer widder. Ich hawwe jä jeschtaunt iwwer die Jeduld von den Babba, noch d'rzu, wo uff d'r Färderennbahne Renn war un von Fußballblatze e Jegrehle riwwerdrehnte.

Uff ema gamb e andrer Babba mit zwee Schräbbchen un meente: "Soll ich ema haldn?" 's sahk jä ulk'ch aus, wie die zwee Alden flitzten un de Sehne gritt'sch zugucken daten. 's jink zwarschtens e häbbchen besser, awwer der Dicknischel von e Drachen wollde nich ohm bleim. (Desterwäjen ham jä mir uns so ammesiert!)

Uff'n Sonndaach mißt'n mir uns eejendlich alle ma uff dr Wiese dreffen, un jeder mißte so e gleen Drachen mitbring, wa?

*20. 10. 1956*

## E ahles Denkmal

Wenn ich an Wochenende so dorch de Schtraßen meiner liem Heematschtadd dapre, denn fählt mir eejentlich ärjendwas. De Haiser sähn alle so nack'ch un jrau aus. Frieher warn se immer so scheen bunt begläbt un beflastert. Mr find bloß noch seldn was, wo's Ooche Freide dranne hat. Neilich hawwich awwer widder ma was Duftes endeckt:

Ich muß mein nein Schwerbeschädchdenausweis abholn in dr Beesner Schtraße, wo die gleen Baraggen sinn. Da jeh' ich denne an Schtadjonne lank bis an de Blindenanschtalt. Ringsrum falln de Blädder, un alles sieht so draurich aus. Wie'ch awwer in de Nähe der gleen Selderwasserbude gomme, an dr Haldeschtelle dr Eens und Drei, da biet sich mir e iwwerwäldchender Anblick! An e baar Holzschtangen is e jroßes Babbschild anjenaachelt un scheene Bilder druff jemalt, links e Määchen mit'n Schbeere un rechts e Fußballer. 's Middeldeel is in hibschen Jrau jehalden un ohm schtehn die Wärder "Lies die ..." - weider nischt. Was mr lesen soll, ham de Räjendrobben in Loofe dr Zeit abjeschbielt, das wärd widder dranjeschriem, wenn in Länse de Barkbänke frisch jebinselt wärn. Unden an den Blaggade is schon was rausjerubbt, daß mr dorchillern gann.

So schtehts da an dr Blindenanschtalt wie e Guldurdenkmal aus jrauer Vorzeit, un ihr mißt ema an e Daache hinjehn, wenn uff'n Schtadjonne Schbort is, da gennt'r Dausende von Schbortfreinden in schtiller Erjriffenheet an den Schmuckschticke vrbeimarschiern sehn.

*3. 11. 1956*

## Jriese iwwern Ozjan ...(I)

Liewe Freinde, ihr wärd eich jewundert ham, daß'ch vorchde Woche nischt hawwe heern lassen, awwer bei mir fink 's neie Jahr nich jut an: Erscht hawwich de Frau ins Grankenhaus jebracht, un denn mußt'ch mr selwer ooch noch uff's Gaanebee leejen, weil mich de Niernschteene quäln daden.

Drotzdäm hawwich awwer neilich ne Freide jehabbt, wie in Bladde schtand "GEKA AUF JAVA" un "GEKA IN AFRIKA". Doch da muß'ch eich erscht noch was erglärn: Viele denken anscheind, ich bin in dr Redaktsjon bei dr LDZ un mache de Zeidunk mit zerechte.

So isses nich. Ich hawwe e andern Beruf un mache "'s Hallsche" bloß nähmbei. Aus den Jrunde war ich naddierlich selwer iwwerrascht. Wo de Frau mich nu schtrahln sahk, meente se: "Wie'ch d'r genne, is dir das liewer wie e Fuffzchmarkschein!" Un da hat se recht. Ihr mißt eich ema v'rillustriern, wie's een da is:

Da sitzt m'r denn un schreibt ärjendwas, schickts an de Redaktsjon, denn schtehts drinne, m'r schneid's aus, heebts uff: wenn Besuch gemmt, wärds noch ema vorjelesen, schbäder jibbts e baar Fennche Honnerar un - weider weeß m'r nischt.

Doch uff ema lißt m'r da, daß's Zeich nach Java, Ausdraljen, Gannada un Afriga jeschickt wärd! Da freit m'r sich doch, wenn m'r weeß, daß liewe Landsleide ärjendwo uff d'r Erdguller ihrn Feez dran ham. Also wißt'r, liewe Freinde in d'r Ferne, wenn ich m'r vorschtelle, daß ihr da velleicht midden in Urwalde sitzt, umjäm von Menschenfressern, Diechern oder Nashärnern, un denn gemmt eier Briefdrächer anjedibbelt un ihr freit eich alle zesamm iwwer unse Mudderschbrache, da wärds mir bei den Jedanken jans warm um's Herze.

An liebsten wärd'ch eich alle ma besuchen un eich was von d'r Heemat erzähln. Na, wenn ich ema e Fimfer in Zahlnloddo dibbe, mach ich's velleicht ooch wahr. Da schreibt'r m'r de Adressen uff e gleen Zeddel, un denn mach'ch m'r uff de Soggen ... Ach Jodd, seht'r, nu fang' ich schone widder an ze schbinn, wie frieher, wenn ich als gleener Scheeks 'n Adlas beguggen dat; da will ich liewer uffheern.

Also, liewe Brieder, die ihr ärjendwo weit weg von d'r Heemat meine Zeiln lest, ich sende eich heide aus Halle an d'r Saale viele liewe un herzliche Jrieße iwwer Ozjane un Erddeele un bleiwe von nun an ooch eier hallscher Freind.

*26 1. 1957*

## Frieh iebt sich ...

M'r heert jetzt eftersch, daß d'r Iwwerschuß an Fraun, der nach'n Grieche war, immer gleener wärd, so daß es eenes Daachs bassiern gann, daß viele Männer geene mehr d'rvongriechen. Um so mehr wärn de Fraun denn ooch ihre Jleichberechtjunk schbiern lassen, un wenn e Mann sich nich forn Haushald eijend, wärn s'n gindchen un e neien einschtelln. - Um nu solchen Unjlicksfälln vorzebeijen, worde in d'r 3. un 4. Glasse forr Jungs Handarweetsunderricht einjefiehrt. Das jab e Feez! Wie's Frollein saachte, daß ooch de Jungs Handarweetszeich mitbring solldn, brilldn die vor Bejeistrunk! - 'n andern Daach, wie se in de Glasse gemmt, fällt se bahle uff's Greize! E Grach wie bein Hoddendodden! Eener hadde 's Hemde ausjezoochen un wollde sich e Gnobb annähn, e andrer saß in d'r Underhose da und zooch e jroßes Loch in d'r blaun Dräningshose mit e jrien Faden zesamm. E baar schbieldn mit e Wollgnaiel Fußball, zwee dadn mit Schtricknaddeln fechdn; d'r Frechste war under de Bänke jegrochen un giegte de Määchens mit n'r Schtobbnaddel in de Baggen. 'ne Gleene hielt jammernd ihrn abjeschniddn Zobb in d'r Hand. - Bei d'r Lehrern vrfitztn sich de Närven wie e uffjedroddeltes Wollgnaiel! Zeärscht wollde se drzwischenschlaan, awwer das därf se jä, zum Jlicke d'r liem Ginderchen, nich. Da hat se denn so laud anjefang ze grehln, daß die Bande dachte, 's jeht ze Ende mit s'r un vor lauder Mitjefiehl ruh'ch worde. - Nu warden die jroßen Bengels in d'r 8. Glasse schon druff, daß de Saijlingsfläje einjefiehrt wärd ...

*2. 2. 1957*

## Dr gleene Imbiß

Ich bin e Wärschtchenfreind. Nicht etwa weil de Bockworscht hierzelande Nazjenalschbeise is, sondern weil m'r ze jeder Daaches- un Nachtzeit ohne Umschtände e Wärschtchen v'rdriggen gann. Da brauch m'r geen jroßn Abbediet ze ham - bloß Jeld. 's jibbt jä manchma ooch welche, diede nach nischt schmeggen oder ne Schale aus Gunstläder ham oder solche, die von vorne bis hinden uffblatzen. Da hat m'r ähmd Bech, wenn m'r so eene erwischt. Uff d'r Schtraße eß'ch se allerdinks nich jerne. Das sieht immer aus, als wenn m'r heeme nich jenuch ze bäbbeln gricht.

Nu is da an d'r Egge Ulrich- und Schteenschtraße jans v'rschteckt so ne gleene Bude, wo's allerhand schnärbliche Sachen zum Acheln jibbt. Neierdinks ham se da sojenannte "Hallsche Schmeckerchen, uff hochdeitsch "Hackbraten". Ooch Schaschlik jibbts; daderfor hawwich neierdinks ne Schwäche.

Wenn ich nu an Sonnahmde mit d'r Mudder dorch de Schtadd schlenkre, in der Absicht, den vieln Zaster unter de Leide ze bring, denn griech m'r naddierlich ooch Hunger. Anschtadd uns nu in e Gaffee ze hoggen un sieße Dorde ze schbachteln, grauch m'r fix ema dort hinder. Denn saacht de Frau manchma forr mich: "Hoffendlich dreff m'r geen Begannden. Erschtens sieht's dumm aus, was m'r hier forr ne Schtellasche macht, un zweedens gann m'r geen de Hand jäm, weil alles gläbt." "Achjodd", saach ich da jewehnlich, "das is mir worscht. Haubsache mei Freind Sowieso gemmt nich bletzlich ema. Wenn ich jrade den Schbieß mit'n Schaschlik in d'r Gusche hawwe un der globbt m'r von hinden in seiner därm Art uffs Greize, denn gann's womeechlich bassiern, daß de Schbitze am andern Ende von Gärber widder raus gemmt un de Freilleins mich jlei zu Schaschlik v'rarweeden!"

## Dr gleene Schtreecher

Bei uns in d'r Nachbrschaft wohnt ne Dame, Leserin d'r LDZ, die awwer aus ner andern Jejend schtammt un aus den Jrunde mit d'r hallschen Schbrache nich so v'rdraut is, vor alln was die "Fachausdrigge" sinn. Neilich gemmt se de Schtraße lank, da gambeln sich e baar Wänster. Eener gricht jrade ne dichtche jegläbt. Fix dritt se d'rzwischen un schimbt: "Ihr Rangen, warum schlagt ihr den Jungen?" Da brilln die alle: "Der hat jeschtreecht!" "Deshalb braucht ihr ihn doch nicht zu schlagen."

Nu daden awwer die Ginner schtaun: "Na, heern Se ma, wenn eener schtreecht, der muß doch 'n Wanst vollgriechen!"

Das bejriff die Dame nu allerdinks nich mehr. Se saachte bloß noch forr den Briejelgnaam: "Lauf schnell weg!" un denn - gamb se bei mich, erzählde m'r das un fraachde: "Können Sie mir nicht mal übersetzen, was das bedeuten sollte?"

"Tja", saachde ich nur forr se, "eejendlich hadden de Gleen nich jans unrecht, denn schtreechen heeßt soviel wie lüjen, un 'n Wanst vollhaun is de jerechde Schtrafe dadrfor, nach den ihre Meenunk." "O Gott, da habe ich ja den Falschen in Schutz genommen!" schtellde se nu jans erschroggen feste. "Ich wußte doch aber nicht, was schtreechen heißt." - Nu drächt se sich mit den Jedanken, bei mir e baar Nachhilfeschtunden ze nähm.

*20. 3. 1957*

# Dr Ausfluuch

De liewe Sonne guckte an een Vormiddaache zufällich in enne Schulglasse nein, wo jrade mächtcher Grach war. Eijendlich jibbts doch das heidzedaache jar nich mehr, daß de Ginner in d'r Schule rumgrakeeln, awwer die haddn ihrn Jrund: De Lehrern hadde ähmd forr se jesacht, daß se morjen e Ausfluuch machen wolln. Na, un da brilln zejar de Ardchen: "Aah!" Nu will ich awwer nich erzähln, wohin d'r Ausfluuch jink - 's war uff jeden Fall nich weit -, nee ihr sollt ema sehn, was die Roddegora daderbei forr e Deemelee macht: Um achte wolltn se sich an d'r Ellekdrischen dreffen - dreivärtel siem warn schon de erschten da un flitzten eeja iwwer de Schtraße riwwer un niwwer. Ze Middaache sollte d'r Ausfluuch ze Ende sinn, awwer wenn'r jesehn hätt, was die Wänster alles mitjeschlebbt ham, da hätt'r jegloobt, die wolln 'ne Weltreise machen! Rucksäcke, Brotbeidel un Bärrlongnetze mit Vrflächunk volljeschtobbt, vier bis sechs Dobbelbemm' warn noch gleene Bortzjon'. Zwee Flaschen Gaffee un e Fund Schnonkse forr de Erfrischunk bein Loofen, zwee Mark Drinkjeld word'n in d'r nächsten Gneibe in Limmenade un Eis umjesetzt. Denn gomm se heeme mit e v'rgorgsten Maachen, oder se ham de Hälfte Bemm' in de Bische jeschmissen. Manche Midder ham ähmd Angst, daß d'r Gleene underwäjens v'rhungert.

Was se noch jerne mitnehm, is e Schbazzierschtock, wenns amendema e "Bärj" hochjeht. Dadrmit wärd awwer denn in jedn Gannal neinjegiegelt, oder de Blädder von Bischen wärn abjeläddert. Ne Drillerfeife un enne Bäbe muß naddierlich ooch mit, weils in d'r Naddur so schtille is.

Wenn se denn heeme erzähln, was se alles jesehn ham (ohne ze erwähn, daß eener bahle in de Saale oder aus d'r Schtraßenbahn jeschtärzt wär, weile nich heern wollte uff's Frollein), denn saacht d'r Babba noch:

"Jaja, eire Lehrer ham's jut, die jehn bei der Hitze mit eich schbazziern, anschtatt ze arweeden!"

*22. 6. 1957*

# Es Fingstbier dr Hallorn

Ooch diss Jahr hadde uns de Salzwärger Briederschaft widder ze ihrn draditzjenelln Fingstbier einjeladn. 's fand schtadd in "Gruch zum jrien Granse", was jä eens d'r scheensten Fleckchen an d'r Saale is. Drotzdäm fand ich's in Jarden hinder d'r Saline eejendlich zimftcher, weil da nu ema de Hallorn hinjeheern. - Wie m'r nu neingamn in "Jrien Grans", da rief jlei ne Schtimme: "Jinder, gomm ma her!" 's war d'r Schwaacher Werner Riemer, der widder 's Bier ausschenken dat un mir nach den Schwitzbade in d'r Ellekdrischen erscht ema e Becher mit eisjegiehlten Helln jab. Na, un das is jä warrhaftch e Jenuß! In so e Gruche wärd doch es Bier nich so lättsch'ch wie in Jlase. Uff unsen Dische schtand denn ooch schon e jefillter Silwerboggal, un wie m'r denn alle Beganndn, de Riemerfammilje, Frosch Helmudn von Vorschtande, 'n ahln Onkel Max un die andern, bejrießt haddn, jink es Gimmeln jlei weider. - Wie d'r Vorschtand nu gloobte, daß alle Jäste da warn, worde de Bejrießunk vorjenomm. 's erschte Ma war ooch unser Owerbärjermeester d'rbei, der denn erglärn dat, dasse sich vorjenomm hädde, de Draditzjon unsrer schtolsen Hallorn, die doch es Hallischste von Halle sinn, in Zugunft besondersch ze fläjen un de Briederschaft ze underschtitzen. Daderfor worde denn als "Freind d'r Hallorn" uffjenomm un grichte 's Abzeichen anjeschteckt. Er bedonte noch, dasse jar nich jegloobt hädde, wie dufte dass es bein Hallorn is un dat 'n Vorschtande zwar geen neien Silwerbecher, awwer e hibsches Bild schenken. - Na, un denn worde es Fahnschwenken vorjefiehrt, was immer widder ne Oochenweide is. D'r anschließende "Zabbeldans" worde frieher zejar so lange jedanst, bis eener aus'n Laatschen gibbte. - Zwischen siem un achtn worde ma ne Bause einjeleejt un de Silwergrieche jezählt. Ich finde, wenn da ma eener een gabben wärde, den mißten se mit Schimb un Schande aus d'r Salzschtadd Halle nausjochen! 's warn awwer noch alle da, un denn jinks weider, de Becher macht'n widder de Runde. - Von andern Ufer guckten de Schbazzierjänger riwwer bei das freehliche Dreim, de Saale schtreemte ruh'ch vorrbei, un d'r Dorm von Jiewichenschteene erhob sich als Zeije d'r Vrgangheet unsrer liem Heematschtadd iwwer das Janse. Un wenn m'r denn, wie iche, widder in andre Jejenden von unsen Vaderlande gemmt, denn gann m'r (nich ohne Anjawe) saachen: Hallorn jibbts ähmd bloß in Halle!

*3. 7. 1957*

# Under Gollejen

Ich gann m'r noch besinn, wie 'ch gleen war, erzählde mei Babba efdrsch von sein Arweeds-gollejen. E Dokdr, der mich dazema in de Glinik iwwerweisen wollde, saachde ooch an Dellefone: "Herr Kollege, haben Sie noch ein Bett frei?" Awwer mein Babba schbrache mit "Herr" an. Heide is das nu anderscht, heide gennde mei Vader, wenn 'e noch lähm däde, forr den Dokdr ruh'ch "Golleje" saachen, weil das jetzt modern is. Alle reden se sich bei uns mit "Golleje" an, das is ne eenfache Sache un immer richtch. D'r Schaffner in d'r Ellekdrischen saacht ähmd forr de Oma: "Gollejin, hast'n schon bezahlt?" D'r Schtraßengährer saacht forrn Baster: "Mache d'r aus'n Schtoowe, Golleje, ich will hier gährn!" D'r Färdner ruft bei'n Wärk-direkdr an, wenn d'r Schtaatsseggredär ze Besuch gemmt: "Baul, hier is e Golleje, der will bei dich. Soll' ich 'n rinnlassen?" Uff die Art is d'r Vrgähr zwischen Menschen naddierlich unjezwungn, un m'r märgt vorr alln Dingn, daß eener, derde nich "Golleje" saacht, ärjendwas jejen de Wärkdätchen hat.

Neilich war ich in e fremdn Bedriewe, um was zu erledchen. Ich worde uff Zimmer sibbzch jeschickt. Wie 'ch gorz drvor war, gamb eener rausjefäjt. Nu weeß ich selwer nich, ob ich nich recht bei Drooste war, jednfalls fraacht'ch den: "Sinn Sie d'r Herr Schtepsel?" Ich denke, der wärd v'rrickt! "Du willst m'r wo beleidchen, Golleje?? Bei uns sinn Joddseidank de Herrn ausjeschtoorm oder fortjejocht! Daß de's weeßt: ich bin d'r G o l l e j e Schtepsel!!" Na, ich hawwe m'r fix enschuldcht un jans verdaddert jeflistert, was ich eejendlich wollde. Da worde denn widder freindlicher un meende: "Mach' m'r, Golleje, mach' m'r! Awwer jedulde d'r e Oochenblick, ich gomme jlei widder." Un denn flitzte 'n Jank hinder un verschwand in der Diere, wo dranschtand: "HERREN".

*10. 9. 1957*

# Ich gledderte uff de Marchtgärche

Eejendlich is es schon e Weilchen her, awwer dazema hadd'ch jrade e andres Deema bein Wickel, drum fang ich heide drvon an. Gorz jesaacht, ich hadde Jeläjenheed, ema uff unse

Marchtgärche, jenauer jesaacht uff de Hausmannsdärme ze gleddern. Forr e einjefleeschden Hallenser e jreeßrer Feez, als wie ärjend e x-beliewichen Aussichtsdorm ze beschteijen. Zeärscht mußte de Erloobnis un d'r Schlissel von Ratshofe jeholt wärn; schbaßjerweise sinn nämlich de beedn Hausmannsdärme Eejendum d'r Schtadd, währnd es Iwwriche d'r Gärche jeheert. E Foddoabberad därf m'r allerdings nich mit nuffnähm. Es gennde jä sinn, daß in ärjend e Dachschtiebchen jejeniwwer sich e Mächen jrade jrindlich wäscht, un denn wundert sich der ihr Scheeks, wenn se als "Bestes Leserfoto der Woche" in Bladde uffdoocht. Awwer nu zr Gärche! Wie m'r ze der gleen Diere neinwarn, hadd'ch anjefangn, de Drebbenschtufen ze zähln, worde awwer jeschteert, weil m'r e Abschtecher unders Gärchendach machdn. Zwischen hunnerdn von dofflichen Balken sinn m'r uff 'ner dicken Schtoobschicht wie uff e Debbche lankjeschlichen, under unsen Been hert'm'r leise de Orjel, velleicht war jrade Doofe in Barderre. - Denn jinks weider de Wendeldrebbe nuff. Ich hadde nu vrjessen, bei d'r wievieldn Schtufe daß'ch schtehnjeblimm war. Jednfalls solln's an de zweehunnert sinn! Endlich warn m'r ohm anjelangt in d'r Dormschtuwwe, wo frieher ma d'r Därmer oder Hausmann jewohnt hat. Heide is es dadrinne dreckch un unjemiedlich. Denn worde de gleene Diere nach draußen jeeffent - un mir schtandn uff der schmaln Bricke zwischen den zwee Hausmannsdärmn, wo uns d'r Blasjus jlei eglich dorch's Schackett fiff. Awwer, liewe Freinde, - 's war e Erläbnis, un mei Härze schluk heeher wie die Gärchdärme! Under mir d'r Marcht, de Schtraßenbahn, de Audos un Leide. An d'r Haldeschtelle sahks aus, wie wenn Fliejen in 'ne Schtreichholzschachdl neingrauchn dädn. Na - un denn d'r Blick iwwer de Heematschtadd! Jede Dormschbitze, jedes Haus gonnde m'r von ohm begneistn, in de nächstn Schtraßen gonnd'ch neinillern. Un wenn m'r alles gennt, is das noch ema so scheen. Erscht jehts los: "Gugge, da is d'r Dom, dort de Moritzborch, de Unnewersedäd, dort driem d'r Wasserdorm Sied ..."

Awwer denn guckt m'r jenauer in d'r Runde rum, bis an Horrezont naus. Da sieht m'r hindern Zooaussichtsdorme jans nahe 'n Bederschbärch liegen, iwwer d'r Bost jlei de jroßn Haiser von dr Glinik, weidr rechts 'n Bahnof, de Zuckerraffnerie un 'n Bärchmansdroost, un jans in Siedn giegeln de Schornschteene von Buna un Leina in jraun Himmel un vrschtänkern die Jejend, währnd in Westen (ich meene in Westen von Halle!) sich de Heede ausbreedn dud. E Schtickchen Saale sieht m'r ab un zu ooch gucken, un de Borch Jiewichenschteen lijt jans in Daale unden. - Rundrum gann m'r nu um die beeden Hausmannsdärme dibbeln, awwer e Jlicke is es, daß ringsrum e Jeländer anjemacht is. Wenn eener nämlich nich jans uffn Bosten is, wärds den bein Nundergucken womeejlich schwummrich, un der gennde nundergeegeln! An wohlsten fiehln sich da ohm de Daum un de Dormfalken, das ergennt m'r ooch an den vieln weißen Fleckern. - E letzten Blick ham m'r noch uff 'n vrschtimmeldn Rodn Dorm jeschmissen, der hoffndlich de Marchtgärche bahle widdr iwwerraachen wärd; denn sinn m'r de schmale Wendeldrebbe widder nunderjeäbbelt. Das hädd' m'r allerdinks langsamer machen solln, denn wie m'r unden angamm, hadd 'mr jans scheen 'n Drehworm ...

*21. 9. 1957*

## Es jedeelte Fest

Da gomm' ich doch an Donnerschdaach, 'n eendreißchdn, nach Botsdam. Wie'ch mit dr Gläje fertch bin, will ich m'r zum Ahmbrode noch e halwes Dutzend Breetchen un e dreivärdl Fund growe Läwwerworscht uff de neien Marken goofen. Da hat eich doch gee Laden mehr uff!

Un mei Lubbert schmußte erscht gorz vor fimfen. Nu blieb m'r nischt weidr iwwrich, wie in d'r Gneibe ne deitsche Briehbollnische zu vrdricken. Ich fraache 'n Wärt: "Was issen bei eich in Botsdam los? Um fimfe ham schon de Lädens zu?" "Aber heute ist doch Feiertag", schbricht der, "wir haben doch Reformationsfest!" "Ach Jodd, das hawwich vor laudr Draasch jans vrjessen!" Un da fiel m'r ooch ein, wie'ch die Jahre in Dräsdn war, ham de Sachsen, d'r fortschrittlichste undern deitschen Schtämmen, an den Daache ooch nich jegläjt. Da mach'ch m'r denn meine Jedanken: In Bezärke Halle hat doch Luther jeläbt un jewärkt, de zwee Lutherschtädde Eislähm un Widdenbärch liejen hier, un doch gimmert sich bei uns gee Mensch ums Natzjenale Gulturerwe un um den Mann, der sich um de Eenheet d'r deitschen Schbrache de jreßtn Vrdienste erworm hat. Das soll nich heeßen, daß ich noch e arweetsfreien Daach in Jahre mehr ham will, awwer mir jehts ums Brinzieb: Alles wärd in unsen Schtaade eejal jemacht, awwer das Fest, das feiern die, die mit Luthern an wenichsten ze dune ham, un mir ästemiern's nich. - Ich mechte deswäjen vorschlaachen, daß sich diejenjen, die bei solchn Sachen was ze beschtimm ham, ema zesammsetzen un sich ausdifteln, wie's in Zugumft iwwerall jemacht wärn soll. Jetzt ham se nämlich e janses Jahr Zeit, da genntn se's ewendeell jrade schaffen.

*6. 11. 1957*

## De Jeschichte von Hallornschwärdern

Bei sein Hallornjroßvader Rawe
saß uff'n Schoße eenst e Gnawe
un heerte jerne die Jeschichten,
die dr Hallore dat erdichten.
"Wo sinn denn, Oba," fraachte der
"die acht Hallorenschwärder her?"
Der Ahle feixte erscht e häbbchen,
denn schbrache: "Baß ma uff, mei Schräbbchen:
Dr Gaiser Garl, der jroße Held,
wie der ema bei Halle war,
da worde doch vom Feind umschtellt
un war in jräßlicher Jefahr!
Er lehnte mit'n Buckel sich
an unse Ressedens hier an ..."
"Die jab's doch dazema noch nich!"
so widderschbrach dr gleene Mann.
"Ich meene, wo se heide schteht.
Nu horch nur druff, wie's weiderjeht:
Da wuschen jrade in dr Saale
(die war doch frieher noch jans reene)
e baar Halloren aus'n Daale
de Hosen un ooch ihre Beene.
Un da erschbähten doch die Achte
ihrn jroßen Gaiser in dr Glemme,
se machten hindergimftch sich sachte
in seine Nähe, jlei in Hemme.

Doch wie dr jroße Frankenfärscht
nu sahk die Hemdenmätze gomm,
da feixte der naddierlich erscht,
denn drehten sich de Griecher um.
Die lachten iwwer die Geschtalden,
die bletzlich angam'n ohne Hosen,
un daten, um ihrn Bauch ze halden,
de Schwärder in de Erde schtoßen.
Nu sinn doch de Hallorn nich dumm!
Fix zerrten se de Schwärder raus,
se mährten nich erscht lange rum
un holten alle achte aus!
Denn saustes bloß so dorch de Luft -
acht Gebbe gullerten in Sand!
De Ridder mit dr Eisengluft,
die riehrten weder Been noch Hand.
Dr Gaiser Garl bedankte sich
un saachte forr die dapfern Veddern:
'Zum Neien Jahr besucht'r mich,
da wärn mr ma e dichtchen schmeddern!'
Jetz fraachte eener von de Alden:
'Was wärd'n aus de Schwärder nun?'
'Naddierlich därfter die bahalden
un gennt eich drmit dicke dun!'
Se zoochen ab mit schtolser Miene,
un alle daten se sich frein.
Denn schtellten se in dr Saline
de Schwärder ins Museum nein."
Da fink dr Gleene an ze lachen:
"Nee, Oba, jetz beschtreechste mich!
Das gonnten se doch jar nich machen,
das jab's jä zu der Zeit noch nich !"
"Wo schtehn se'n heide, fraach ich dich?"
"Na, in Museum", schbrach dr Gnawe.
"Da hastes!! Also rede nich!
De Wahrheet saacht dr ahle Rawe."

## Es Fingestbier dr Hallorn

Zwee Wochen nach'n Fingestfeste,
da ziehn mir unser Gliftchen an:
den roden Rock, de bunde Weste,
de Drittchen mit'n Schnallen dran.
Den Dreischbitz uff, mit froher Miene,
so gomm mit Fraun un Gindern mir

in Jarden hinder de Saline
un feiern unser "Fingestbier."
Aus unsre duften Silwerbecher,
schmeckt nu es Bier besonders scheen,
un mir Hallorn sinn dichtche Zecher,
da bleibt e Gruch nich lange schtehn.
Ihr Zäckerchen macht de Gabelle,
un währnd alles schmußt un lacht,
sinn schon de junken Gärls zr Schtelle,
denn wärd dr Zabbeldans jemacht.
Da bletzlich drennt sich von sein Dobbe,
der leer is, unser Fähnderich
un schwenkt de Fahne iwwern Gobbe.
Das Gunstschtick genn de meesten nich!
Es schwoofen lange noch de Bäärchen.
Manch ahle Freindschaft wärd erneiert.
So wärd denn immer nach zwee Jährchen
es Fingestbier dr Hallorn jefeiert.

*Juni 1957*

## Dr Jammerlabben

Mir sinn's eejendlich jewehnt, daß m'r in Halle mieses Wedder ham, wenn Jahrmarcht is. Das is ähmd 's Jahrmarchtswedder. Daß awwer de Ereffnung v'rschoom wärn mußte, weil's ze galt war, ham'r lange nich erläbt. Neilich hadd'ch nach'n Ahmbrode noch Abbedied uff e Wärschtchen. Da sinn mr denn mit dr Sechse fix ema hin. Wie mr uff 'n Thälmann-Blatze ausschtiejen, muß'ch festeschtelln, daß der jetzt ahmds orndlich nowel aussieht mit der Leina- un Buna-Reglame. So gennen ruhch noch mehr gahle Haiserwände illeminiert wärn. Allerdinks das Jeriste mit die Jidder sieht jä e häbbchen nackch aus. Von weiden sahk mr nu schon es Riesenrad un de Garresells schtrahln. Ahmds is es jä scheener uff'n Jahrmarchte, wenn de bunden Lichter alle brenn. Jlei vorne bejrießt een das hibsche Albenhaischen. Wärschtchen und Gräbbelchen wärn in Massen anjeboden un ooch v'rdrickt. Mit Eis genn se mr allerdinks noch nich locken. Awwer, weil ich jrade locken saache: In eene Bude da locken se mit Jewalt es junke Volk nein, indäm se draußen e Scheekse v'rschbrechen, daß der mit eener von die Määchens machen gann, was'e will. Das Wort Vrgniejen is ähmd e dehnbarer Bejriff ...

Die een holn sich in Riesenrade oder in Schbutnikgarreselle e Drehworm, die andern haun 'n Lukas uff's Gnärzchen oder gorweln an Schbielaudemaden rum, welche jehn jedes Jahr in de Hundebude, un manche vrsuchen an den neien Schbieldinge "Monde Garlo" ihr Jlicke, wo mr mit viel Jeschicke dufte Jewinne ärm gann. So macht sich ähmd jeder sein Feez.

Eens is mir bloß noch nich glar, wo ich doch eejendlich e ahler Hallenser bin: Woher das Wort "Jammerlabben" schtamm dud, das frieher schon un ooch heide de Ginner forr'n Jahrmarcht saachen.

*9. 4. 1958*

# Dr gleene Schlenker (I)

An Sonndaache war jä nu endlich ma e häbbchen Friehlingswedder, un es sieht bahle so aus, als wenn die sich da ohm lanksam ausmährn un anfangn, sich nach'n Gallender ze richdn. De Fußballfreinde sinn ze Dausenden uff's Schtadjon jeschtreemt, un iwwerall machdn de gleen Baaweduddchens ihre erschte Schbazzierfahrt in neien Ginnerwaachen. Uff dr Raaminsel is allerdinks noch nischt los, ooch in Barke sinn noch geene Bliemchen. Weil mir uns awwer wäjen dr schlanken Linje ahmds jerne noch e häbbchen Bewäjung vrschaffen, mach' mr immer ma e gleen Schlenker ums Värrdel. Daderbei sieht mr naddierlich allerhand.

An dr Ecke Bellwärjer Wäch - Doorschtraße zum Beischbiele schteht enne Selderwasserbude, die unbewohnt is. Da is nu anscheind eener mit seiner Garre drjejenjerauscht un hat den Feiler umjerammelt. Die Schteene bleim nu uff'n Bärjerschteije liejen, bis se nach un nach von Räjen wegjeschbielt wärn. An dr Doorschtraße - Ecke Lärchenfeldschtraße is e gleener HO-Laden, der sozesaachen ze Vrsuchszwecken dient. Da wärd nämlich ausbrowwiert, wieviel Jahre 's dauert, bis dr letzte Rest von den Außenanschtriche von dr nackchen Hauswand vrschwunden is. Weil mr jrade bei dr Doorschtraße sinn: Ich bin jeschbannt, ob de Bewohner dort ihre Vorjärden widder in so bliehnde Barkanlaachen vorwandeln, wie de letzten Jahre schon immer nich. Wie mr de Beesner Schtraße lankschlenkerten, ham'r uns jefreit, daß jejeniwwer von Alderschheime widder e baar neie Wohnhaiser jebaut wärn. Iwwrijens, - in Vorjarden von Alderschheime, da hängt zwischen zwee lanken Fahnschtangen so e jroßes Dransbarrent, an den gann mr jans deitlich ergenn, daß nich bloß de Leide, sondern auch Dransbarrente jrau wärn ...

Nu wärn mir efdersch ema so e gleen Schlenker machen, immer ma woanderscht hin, velleicht endeck' mr da noch mehr so was Duftes.

*15. 4. 1958*

# Dr gleene Schlenker (II)

Manch eener von Eich wärd velleicht schon uff'n gleen Schlenker (II) jewart ham: Awwer ich gann's Eich ruhch vrraden: Die (I) bein erschten Ma war nich von mir. Die hat dr Redakdeer drhinderjemacht un mich sozesaachen festejenaachelt.

Nu fraach ich Eich, ob Ihr drzu uffjeleecht währd, was Lustjes ze schreim, wenn Ihr Schtrohwitwer seid. Ich bedone s c h r e i m , von was Lustjen m a c h e n , das schteht uff e andern Bladde ... Na un e gleener Schlenker alleene is ooch mies. Awwer Ihr wollt jä was ze schmeejern ham un ich brauch e baar Fennche Honnerar forrn Vaderdaach, da bin ich ähmd ema losjeschoom.

Was'ch bein vorchdn Ma griddesiert hadde, is drweile jreeßtendeels beseitcht wordn. Dufte!

Bein jetzchen Schlenker hawwich nu was Erfreiliches jesehn: 'n Friehling! Iwwerall schießts Jriene raus, iwwerall wärn Bliemchen geflanst. In Barkanlaachen schtehn frisch jeschtrichne Bänke, jede hat ne andre freindliche Farwe. Das find ich eejendlich hibsch. Ma was andres. Uff'n Bulwerweiden un in Leninbarke globben de Brieder e zimftchen Dauerschkat, un an derselm Schtelle hocken ahmds de Liewesbärchen un machen e Dauerjeschmuse. Nehm ich an. De Aschengiewel, Emmer un Uffwaschasche sinn ooch endlich ausjeleert. Mir arm Männer brauchen geene Gohln mehr hochzeholn oder Holz ze hacken.

Daderfor muß mancher in Jarden gläjen wie e Jroßer. Ich muß dies Jahr de Beddunjen uff'n Balgonge ooch alleene flansen. Das ist meine Vrflichtung zum Vaderdaache. Außerdäm muß'ch de Gästen alle uffraim, dr Maler will ooch gomm. Ach Jodd, da will ich mr nur heemescheern, schtadd hier rummährzeschlenkern.

*7. 5. 1958*

# Dr gleene Schlenker (III)

Sähtersch, das wollt'ch Eich doch erzähln: Ich bin doch gee Schtrohwitwer mehr. Naja, mr hat jä ähmd mehr Ordnung, wenn de Frau heeme is. Mr gricht dufte Bemm mit uff de Gläje, hat e gemachtes Bedde, 's licht gee Schtoob mehr iwwerall, un dr Uffwasch schteht nicht mehr rum. Awwer meine Beddunjen uff'n Balkonge ham jemärkt, wie se jegomm is. Zr Bejrießung warn se scheen uffjeblieht.

Weil ich jrade bei Beddunjen bin: Wie mir nu jetz alle beede widder ma e gleen Schlenker dorch de Schtadd jemacht ham, da fand'mr, daß viele Vorjärden hibsch beflanst un jefläjt warn. Neinznhunnertfimfenvärzch sahk mr doch da heechstens Gardoffeln oder Dawwak drinne. Ich hawwe jä de Gardoffeln an liebsten, wenn se erscht dorchs Schwein jejang sinn. Na, un wer de was uff seine Jesundheet hält, der brauch ooch geen Dawwak mehr. - De Schräwerjardenbesitzer buddeln mit enner Hinjaawe in ihrn Järden rum, un mehr Bluumbeede sieht mr ooch hier widder. De Laum sinn frisch jebinselt un de Wäje scheen jeharkt oder mit Gies beschtreit. (Ich meene diesma richtchen Gies, also gleene Schteene, gee 'Jeld').

In dr Rudolf-Haym-Schtraße zwischen Haisern is ooch so e Schticke Jardenland. Wie mr da vorbeigomm, sähn mr jrade, wie e Ball da neinjeflochen is un e Schtift iwwern Zaun macht un iwwer de Beede fuhrwärkt. Er hadde Jlicke, daß geener drinne war.

De Erwachsen machen allerdinks sowas nich! Die schmeißen heechstens ema e unjiltchen Fahrschein, ne leere Zireddenschachtel oder ausjegimmelte Schnapsbulle iwwern Zaun. Bierflaschen weenjer, weil se da Fand widdergriechen. Awwer ooch ahle Madratzen, ausjelaatschte Drittchen, gabuttche Ofenrohre, vrroste Schbrunkfeddern usw. wärn jerne iwwer so e Zaun geschmissen. Warum ooch nich? Die Leide, diede sowas machen, wolln ähmd de Schtraßen unsrer Schtadd nich vrunreenichen. Un de Schräwer- un Vorjärdner, die jraam doch soweso jedes Jahr ema de Beede um ...

*11. 6. 1958*

# De Gaffaliere

Mir jehn sonndaachs ooch jerne ma an Schtrande unsrer scheen blaun Saale schbazziern. Da gann mr jenau festeschtelln, ob unsereen seine Jaddrowe noch eenjermaßen modern is. Enne Modenschau is da nämch nischt drjejen.

Dadrbei gamb uns neilichst e junkes, modern anjefriemeltes Bäärchen enjejen. "Sie" worde e häbbchen vrläjen un jrießte mit e linkschen Gobbnicken. "Gucke", saachte meine Frau forr mich, "das war doch Dingsrichens ihre Gleene. Die hat jä och schon e Gaffalier." Aus e Lexegonne oder aus e ahln Romane gann sich nu e jeder de Bedeitung von den Worde vrrillustriern. Frieher da saachte mr näch forr e Ridder oder forr e adlichen Schent "Gaffalier", schbäder denn ooch forr e fein Herrn, der sich jejens ehemalje "schwache Jeschlecht" ridderlich uffiehrn dat. Nach dr damaljen Mode druuchen nu die Gaffaliere e Däjen oder e Säwel. Heide is allerdinks geener mehr so närrsch un zerrt mit so e Futtche dorch de Jejend. Dadrfor drachen unse jetzchen Gaffaliere 'n Mächens ihre Räjenschärme un Handdäschchen. Die arme Gleene gennte jä sich womeechlich an ihrn Daschenduuche un Libbenschtifte doodschlebben.

Ich bin da welleicht schon e häbbchen altmodsch. Ich lasse meine Frau sonndaachs ihre gleene niedliche Handdasche selwer draachen. Dadrfor nehm ich sr denn wochendaachs, wenn se e Hoofen ze asten hat, de schwere Eingoofsdasche oder es volle Netz ab. Ich weeß nich, ob die Schtifter das schbäder ooch ema machen ...

*14. 6. 1958*

## Dr Berliner uff'n Marchte

E Freind von mir sollde "lähmslänglich" griechen. Aus den Jrunde hatt'ch mei schwarzen Anzuch anjehoost un mich mit e fein Blumschtrieze uff'n Marchte vor'n Neien Rathause uffjeflanst. Ich wolldn mei herzlichstes Beileid ausdricken, wenn'e von seiner glicklichen junken Frau de Drebbe von Schtandesamte runderjeschleeft worde.

Wie'ch da nu so rummährflankiere un jiebriche Blicke nach dr Ratsjastschtädde nuffschmeiße, gemmt e Herre uff mich zu un fraacht mr uff echt berliensch: "Saaren Se mal, wo find' ick denn hia de Schmärschtraße?" Ich weise uff de Ecke: "Se schtehn doch derektemang drvor!" "Naja, det kann icke ja nich riechen!" meende jroßfreßch. Jenauso jab'ch'n zericke: "Läsen genn Se woh ooch niche?" Da worde der doch fläzch: "Watt denn, watt denn, Männeken, Se wolln mir woll vagackeian?! Sie ham woll Tomaten uff de Oochen? Wer solln det enziffan könn?" Und dadrbei zeichte uff e schildähnliches Dink, was an HO-Goofhause Ecke Marcht/Schmärschtraße gläbte.

Nu muß'ch zujähm, ich hadde noch nie uff das Schild geacht, weil ich weeß, wo de Schmärschtraße is. Da schtellt'ch denn feste, daß dadran gee eenzcher Buchschtawe mehr ze ergenn war. Weil ich nun noch nischt von mir jab, meende dr Haubtschtädder heenisch: "Det hängt woll noch von Händeln seina Kindheet da, wat?" "Na, gomm Se ma", vrsucht ich denn, un fiehrt'n an de Ecke, wo ich glicklicherweise, an enner dumm Schtelle allerdinks, iwwern HO-Gaffee noch e halbwächs läsbares Schild endeckte. Zejar ne Erlaidrung war drbei, aus der mr mit Miehe un Not rausdifteln gonnte, daß die Schtraße ihrn Naam hat von'n Schmärschneidern, wie dazema de Fleescher diddeliert worden, die vor vieln Jenneratzjon hier jehaust ham. Uff ema feixte dr Berliner keß: "Saaren Se mal, Männeken, seit wann schreim Sie'n in Halle Schmär mit  z w e e   e ?  Kieken Se mal in det Lexikon, da wärn Se finden, det dieset Wort bloß mit een  e  jeschriem würd!"

In den Momende schtärzte de junke Braut uff mich los, dr Braitjam lließ sich willnlos de Flosse schiddeln, un denn jinks in de Ratsjastschtädde. Un das war mei Jlicke! Ich hädde den Berliner doch weeß dr Herre nich saachen genn, warum ausjerechend in Halle de Schmärschtraße mit zwee  e  jeschriem wärd.

*4. 7. 1958*

## Dr Schbrängwaachen

"Hachejodd, es hat jä anjefang ze räjen!" rief de Frau, wie mir jrade fortjehn wolldn. "Da muß 'ch doch 'n Schärm mitnehm." Ich saache: "Das gloobste wo selwer niche. Glärchen scheint doch wie närrsch!" De Schtraße war wärklich naß, awwer das hadde e Schbrängwaachen besorcht. Frisch jebinselt fahrn die jroßen Audos widder dorch de Schtraßen, links un rechts gemmt's Maium in hohen Boochen rausjeschtriezt. Da fällt mir jlei widder ein, wie mir als Ginner denn immer hinderhärjeflitzt sinn, mit Barweßbeene un Dornhose, un uns ham beschbritzen lassen.

Scheen, daß de Schbrängwaachen widder rumgorfen. 's is doch dufte, wenn mr nach e heeßen Daache von der Gläje gemmt, dorch de schtoowichen Schtraßen schleicht in enner färchterlichen Dämmse, un bletzlich gemmt so e fahrbares Bassäng un in nächsten Oochenblicke is alles frisch un abjegiehlt. Manchma is ooch e viereckcher Fleck drockenjebliem un jeder gleene Schtift weeß, daß da e Audo oder ärjend was Aehnliches jeschtanden hat.

Neilich wollt 'ch jrade iwwer de Jeistschtraße loofen, da gemmt ooch e Schbrängwaachen an. Ich bleiwe nu uff dr Bordgante schtehn un lassn erscht vorbei. Wie ich denn es Been von Driddeware rundersetze un nach unden gucke, endeck'ch eich doch e Halbkrees, derde drokken jebliem war.

Jaja - bis zu den Daache hawwich's immer nich gloom wolln, wenn eener forr mich jesaacht hat: "Mensch, du wärscht ooch immer fedder ...!"

*19. 7. 1958*

## De "Erfinder" dr Hallornguucheln

Gennt'r eich das vorschtelln wie e baar Schtifter aus'n diefsten Dieringer Walde de Oochen uffschberrn, wenn da bletzlich e Mann mit ner schwarzen Gluft un e dreieckchen Hute uff'n Gobbe iwwern Marcht jeschtiwwelt gemmt? Wie se denn den Naam "Hallorn" heerdn, dachden se erscht, das sinn die Onkels, die die weltberiehmten Hallornguucheln erfunden ham. Ema neijierich jewordn, wolldn se nu was Jenaues iwwer de Nachgomm dr Bejrinder von Halle wissen. Als ahler Hallunke freit mr jä sich doch, wenn sich welche forr de Ejenarden von unsereen seiner Heematschtadd indressiern.

Aus den Jrunde bin ich denn an een Ahmde mit 'n jingsten Hallorn, Riemersch Clausn, den sein Babba un Onkel in de Freinfelder Schule jejangn, wo siemhunnert Bioniere aus'n Bezärke Suhl einloschiert warn. Uff'n Hofe, wo Lautschbrecher uffjebaut warn, vrsammelte sich denn es lustche Velkchen um uns, un alle dadn schbann, wie mir denn erzählt ham von dr Endeckung dr Salzquelle, von dr Jrindung dr Schtadd vor bahle 1000 Jahrn un von dr Gläje dr Hallorn. Schnell war de Freindschaft jeschlossen, jans dichte schtanden se um uns rum, dadn zejar de Silwergnebbe uff'n Westenlatze abzähln un wolldn wissen, was e jeder ze bedeiten hat. Mächtch jeglatscht ham se bei de Jedichte in unsrer scheen hallschen Mundart, sehre jelacht iwwer de Jeschichte von Hallornschwärdern un jeschtaunt iwwern Silwerschatz. Denn ham se unse Hallorn bahle noch de Loch in Bauch jefraacht, un mr märgte so richtch an die schtrahlnden Oochen, wie die Jungs un Määchens an ihrer Heemat hängn.

Wenn's nich mittlerweile duster jeworden wär un nach den vieln scheen Erlebnissen de Oochen lanksam zujefalln wärn, häddes noch lange gee Uffheern jejähm. So ham se sich denn schwärn Härzens vrabschied un uns bei ihr nächstes Heematfest einjeladen.

*20. 8. 1958*

# "P" wie "Baul"

Wenn ich so manchma bei de Zeidunk gomme un e Schmießchen abliefre, wärd m'r ofde e Bäckchen Liewesbriefe in de Fode jrdrickt, iwwer die ich m'r immer mächtch freie. M'r gricht doch dadorch ema ze erfahrn, was den een oder andern Leser jefalln hat. Seid e baar Wochen gullert allerdinks bei mir heeme e Brief rum, um den ich bis jetz e Umboochen jemacht hawwe. Da will e Berliner, der jetz in Halle lähm dud, eenijes ausnandermadustelt ham. Erscht fraachte, was e "Uffwaschasch" is. Jeder hallsche Scheeks weeß da nadierlich Meise: Das is die Schissel, in der es Jeschärre abjewaschen un dr jriene Sallat jemacht wärd.

Gnaublicher is awwer seine Fraache, obs in Halle gee "P" jibbt wie "Paul", was ich mit e "B" schreim wärde. Die Fraache drifft ähmsojut forr D - T und G - K zu.

Nu is das nich so eenfach ze erlaidern. Manch eener besinnt sich velleicht, daß ich vor Jahrn meinswäjen das Wort "Tal" noch mit e D jeschriem hawwe. Nachdäm ich awwer in Norddeitschland war, ooch jetz in Warneminde widder, mußt'ch festschtelln, daß de Leide dort wärklich "T" oder "P" deitlich ausschbrechen. Mir genn das nich, un in Sachsen wärds noch schlimmer. An den Worte jehts awwer jut ze erglärn: Frieher worde doch z. B. Tal mit Th jeschriem, un da hat mr bei deitlicher Ausschbrache jenau das h nach'n T jeheert, wodorch das T sozesaachen "harte" glang. (Browwierts ema!) Unse Vorfahrn ham nu das h eenfach vrschluckt un so enschtand e Middeldink von e Buchstaam zwischen T un D. Dr Jrund daderfor is meiner Meenunk nach bloß unsere Maulfaulheet. Wußte nu eener bei der färchderlichen Ausschbrache nich, wie's jeschriem worde, denn hieß es: "Mit e harten D!"

Wenn de Lehrersch un de Eldern nu endlich uffbassen wärden, daß die bleeden Ausdricke "hartes B" un "weeches P" sich bein Schulginnern nich widder einbärjern, sondern de Buchschtaam ähmd richtch ausjeschbrochen wärn, denn wäre ooch ich mir abjewehn, Paul mit B ze schreim.

*13. 9. 1958*

# DE UMME

Vor e baar Wochen war ich währnd meiner Gläje mit'n Autoe in närdlichen Deele von Bezärke Halle underwäjens. Wie mr jrade in so e duften Feldwäch einbiejen dadn, der nach enner gleen Husche ooch forr de Binnschiffahrt jeeijent is, da saachte unse Schusseewanse uff ema "Knäck!", machte noch e Satz un blieb schtehn. Na, unser Golleje Graftfahrer das nausgrauchen, de Giehlerhauwe in de Heehe glabben un ins Innre ilbschen. Mei andrer Golleje un ich, mir bliem drinne glutschen, weil mr soweso nischt drvon vrschtehn.

Bletzlich dauchte ne riesenjroße Schafhärde uff. Mit viel "Mäh" un "Bäh" drängelten sich de Schäfchen ums Auto rum, schteckten ihr Bonum under de Moddorhauwe, gonnten awwer 'n Däffäkt ooch nich finden. Denn dadn se uns beede drinne mustern un häddn uns noch schtundenlank anjegafft und anjebläkt, wenn se dr Quien nich weiderjejocht hädde. -

Awwer warum laawre ich'n eich das eejendlich alles vor? Das wärd eich weeßjodd nich indressiern. Ich wollte doch iwwer jans was andres schmusen:

E baar Daache is es her, da word' ich, wie ich iwwern Franckeblatz jedaabert gamb, bletzlich uffschtitzch. Enne junke Frau hadde ne Umme jemacht! Wie's jegomm is oder von was es sr schlecht jewordn is, das weeß'ch nich. Forr sowas jibbts jä allerhand Jrinde. Jednfalls haddn sich jlei zwee Männer um se jegimmert, warn zujeschbrungn, wie se aus'n Laatschen gibbte un haddn se uff ne Bank jesetzt. Eener besorjte sr e Jlas Wasser, un e andrer wollte e Doktor holn. 's war drekt ne riehrende Zehne.

Drweile haddn sich awwer nu ooch an de hunnert Leide anjesammelt, die alle drumrumschtanden un sich die gleene blasse Frau jenau begneisten dadn. Von alln Seiden gamn se jeflitzt un schberrten de Oochen un de Guschen uff. -

Sähtersch, das wollt'ch eich näm'ch erzähln. 's will mr bloß nich in Gobb, wie ich in den Zesammhange an die Jeschichte mit unsrer Autobanne denken gonnte ...

*16. 10. 1958*

# Jriese iwwern Ozjan (II)

Vor annähernd zwei Jahren schrieben uns mehrere Leser, daß sie die kleinen mundartlichen Plaudereien von GEKA regelmäßig ihren Verwandten und Freunden im Ausland senden und daß diese Geschichten sich bei den oft schon jahrzehntelang in der Fremde lebenden Deutschen allergrößter Beliebtheit erfreuen. Unser Mitarbeiter GEKA wandte sich damals in seinem Artikel "Jriese iwwern Ozjan" einmal besonders an diese fernen Leser, denen die Mundartgeschichten aus Halle nach eigener Aussage "ein Stückchen Heimat" bedeuten. Daraufhin traf dieser Tage bei ihm von der in Portugiesisch-Ostafrika lebenden Tochter unserer Leserin Frau Dorothea Busse folgender Brief ein:

Lieber GEKA!

Se ham mir in vorichten Jahre mal Jriese jeschickt, un ich habe mich nich dafor bedankt, das hole ich heide nach. Es werd Se ferleichd indressieren, wie das hier bei uns mit den Briefen is. Also en Bostboden, den jibt es hier nich, mir missn die Briefe und Zeidungen in unsern nechsten Ord abholen, das is Antonio Enes, un zwar is das 67 Gilomeder von hier endfernd. Nadierlich jibt es ooch geen Briefgasdn, hinbringn missn mir die Briefe ooch. Nadierlich griejn mir derwejn nur eenmal de Woche Bost, un das is denn ooch der scheensde Dach. - So scheen wie Sie gann ich nadierlich nich hallsch schbrechn, for alln nich schreim, das hab'ch in de Frangeschn Schdifdungn nich jelernt. - Lieber Geka, ich mechde Sie jern mal was frachn, und ich dete mich sehr frein, wenn Sie in de Zeidung Antwort jebn detn. Ich habe das scheene Buch 'Halle an der Saale' von Neuss un Piechocki und gucke mer immer so jerne die Bilder an und fiehle mich in de Zeid versetzt, als'ch noch in Halle läbde. Da les' ich nu uf Seide 8 in dr fimfden Zeile: 'Die Brücken über die verlandeten Arme sind noch da.' Nu simulier'ch immer un immer, wo middn in dr Schdad Bricken iewer de Saale sin oder vielmeer nich iewer de Saale, wo frieher mal de Saale war. In Falle, daß Se das wissn, schreim Se doch bidde mal in dr Zeidung, es gann ja ooch sein, daß andre Leide das ooch wissn mechdn. Fielen Dang in voraus! Nun jriese ich Se herzlich! Margot Struckmann

Und hier seine Antwort:

Zeärscht mecht'ch mr ma scheen bedanken forr die freindlichen Jriese aus'n Urwalde! Ich wäre da immer jans närrsch, wenn ich so e Brief aus dr Fremde grieche, un so sehre wie'ch ooch an mein ahln Halle hänge, da mecht'ch denn an liebsten ema es Gefferchen ansacken un enne jroße Reese undernähm, weechstens so weit wie meine Jeschichden ooch. Awwer in Afriga jibbts jä noch gee Effdejebeefärchenheim, un briwwat därfte das jans scheen deier wärn.

Awwer nu zum Deema selwer. Wie'ch den Brief jeschmeechert hadde, bin ich, um nich ärre ze jehn, fix bei die zwee Vrfasser von den also ooch in Afriga beganntn Buche "Halle an der Saale" jeflitzt. Dr Herr Piechocki, derde es hallsche Schtaddarchiv under sich hat, gramte jlei e Hoofen ahle Landkarten vor, un Herr Dr. Neuß, der Halle besser gennt wie de eejne Westendasche, hat mir foljenden Bescheed jeschtochen: Bis ins fuffzähnde Jahrhunnert hat sich unse Saale den Feez jemacht, mit een von ihre vieln Arme vor un mit e andern hinder Bassendorf rumzefließen, das heeßt, daß dieser heitche Schtadddeel von Halle dazema noch ne idillsche Insel war. Un 's is noch geene zweehunnert Jahre her, da is dr westlichste von die beeden Saalearme noch dort hinden rumjegorft, quer iwwern jetzchen Fluchblatz, un is gorz vor'n Weinbärje widder in de Wilde Saale jeschtreemt. Dadrvon sinn nu noch zwee schteenerne Bricken, eene vor Bassendorf un de andre nach Nietlähm zu, iwwrichjebliem. E schmähliches Schticke von den een Arme is zejar bei Bassendorf noch zu ergenn.

Nu muß'ch awwer zujähm, das Dink mit der Insel hawwe ich ahler Lulaatsch weeßjodd nich mehr jewußt. Naja, fuffzähndes Jahrhunnert is ähmd schon e janses Weilchen her ... Awwer eens freit mich bei der Sache mächtch: Da sitzen nu zwischen lauder nackchen Nejern e baar deitsche Brieder un Schwestern un zrbrechen sich 'n Gobb iwwer de Bricken in ihrer ahln Heematschtadd. Das is doch ne riehrende Anhänglichgeet.

Wenn ich nu jetz mit mein Schmießchen uffheere, denn mecht'ch widder ma alln in dr Fremde lähmden Landsleiden de herzlichsten Jriese aus dr Heemat schicken!

*2. 11. 1958*

## Dr Weihnachtsboom forr alle

Wenn näher gamb de Weihnachtszeit,
da hawwich schon als gleenes Gind
mich uff'n Weichnachtsmarcht jefreit.
Ich weeß nich, ob's eich ooch so jink?

Mir haddn damals wenich Jeld
un bloß e jans gleen Weihnachtsboom.
Da ha'ch m'r uff'n Marcht jeschtellt
un gamb m'r vor wie in e Droom:

E Danneboom, so riesenjroß,
un Gärze schtand an Gärze.
Ich gamb nich widder d'rvon los,
und jlicklich schluuch mei Härze.

Denn hadde lange nich jebrannt.
D'r Marcht war dunkel immer.
An Himmel mancher "Christboom" schtand,
der brachte Dod un Drimmer.

Jetz endlich hawwich nu erreecht,
was 'ch m'r jewinscht von Härzen:

E Boom, der bis z'r Decke reecht,
mit vielen bunden Gärzen.

Doch gomm ich heide an den Boom,
der for uns alle uffjericht',
denn denk ich an mein Gindheetsdroom
un gucke schtille in sei Licht.

*13. 12. 1958*

## Gauermätzchen

Ach, bei uns uff d'r Gläje is mommendahn was los! Da brauch mr Närven wie Wäschelein' so dicke. Drum hawwich ooch ahmds geen Mumm mehr, e Schmießchen forr Eich zerechteze-friemeln. An Dinnsdaache gomm ich ooch jans abjeäschbert aus'n Bedriewe, bräzle mr uff'n Marcht un warde uff de "Eens". Nähm mir mei Golleje Oddo. Der will 'n Ahmd noch in de "Elenden", un ich hawwe noch ne Vrsammlunk. Unse Närrwosedäd wärd mit jeder 5, 7 un 17 jreeßer, awwer geene 1 is ze sehn. Schon gemmt widder ne Bahn, schteht dran "Sonderfahrt"! Un uff ema sinn mir von enner frehlichen Ginnerschar umjähn, die alle wie de Fangguchen aus der Bahn jegullert gomm. Dr Ginnerjarden hadde also ooch Feierahmd. Ich saache forr Oddon bloß: "Gomm!!", denn beruhjend wärgen die gleen Quärle un Lautschbrecher nich uff de anjejriffn Närven. De Danden fischen jrade noch de letzten "Sitzenbleiwer" raus, da zubbt's mich uff ema an Finger. Ich gucke nunder, da schteht e gleenes Määchen, hält mr sei Badderbeen hin un fracht zudraulich: "Onkel, machste ma mein Schuh zu??" Oddo feixt bloß. Also gaure ich lanker Lulaatsch mich mit mein Schmärbauche middn uff'n Marcht zwischen die Rasselbande un gnibbre der Gleen ihrn Schniersenkel zu. Eh' ich mr widder in de Heehe greeble, hält noch eener seine gleen Drittchen hin, die von Schbazzierjange noch jans scheen saftch aussehn: "Meine ooch ..." Na, ich gnibbre weider, drweile machn se sich mit mein Hude ze schaffn. Wie'ch endlich widder ohm bin. seh' ich de 1 schtehn, jreife in de Mandel-dasche un hole de Sichtgarde raus. Da meent die erschte gleene Dame jans endeischt: "Oach, ich dachte, du holst forr mich e Schnonks aus dr Dasche ..."

Nu fraach ich een, ob mr da noch närrwees bleim gann??

*28. 2. 1959*

## De Raaminsel

Im Sieden unsrer Heematschtadd,
die nach dr Meenunk fremder Leide
nich enne eenzche Scheenheet hat,
da licht, ze unsrer jreeßten Freide,
e Inselbarredies, so scheen,
wie ich's in geener Schtadd jesehn.

De Saale gemmt von Rebbzich her,
vorbei an saftchen, grienen Wiesen,

denn deelt se sich - un iwwers Wehr
dut nu e Nehmarm seitwärts fließen,
un der umarmt voll Innichgeet
es scheenste Fleckchen weit un breet.

An Wehre hinden schtand ne Bank,
da hawwich ofte schon jesessen
un bei dr Veejel ihrn Jesank
de Sorjen un de Zeit vrjessen.
Drum: Wenn dr Friehlink gemmt ins Land,
ziehts mich dort hin - an Saaleschtrand.

*16. 5. 1959*

## De Raaminsel (Nachschbiel)

An zweedn Feierdaache, wie's anfink ze jirschen, gamm e baar Begannte bei uns jeflicht. Se fingn jlei an: "Du hast doch an Sonnahmde das Jedicht von dr Raaminsel in dr LDZ jeschriem? Da haste jä was anjericht! Ich saache jestern forr mein Aldn: 'Mir warn ejendlich jahrelank nich dort. Gomm, zick dich an, mir machen uns ema uff de Socken.' Mir also mit dr iwwerfilldn "6" dorch de janse Schtadd bis an Bellwärjer Wäch naus. Dausende von Menschen haddn dasselwe Ziel, halb Halle war uff'n Been.

Hinder dr Brauerei wollt mr iwwer de Saale setzen. Denkste! Gee Gahn war ze sehn. Dr Damfer 'Erni', der sonst de Massen niwwerjebracht hat, hink halbverroßt in Maiumme. 'Gomm', saachte mei Mann, 'mir machen an de Bellwärjer Fähre hinder, da genn mr driem in gleen Forsthause jlei e Dobb Bier gimmeln.' Jetzt gomm mir da hin - - ich denke mich laust dr Affe: Hunnerde von Menschen schtandn an Ufer wie de Dumm, awwer geene Fähre war da!" (Die Redensardn, die de Leide da jebraucht ham solln, will ich liewer nich mitschreim!)

Denn jink's weider: "Mir haddens uns doch awwer vorjenomm, uff de Raaminsel ze jehn. Also reddur bis an de Hafenbahnbricke un den jansen Wiesenwäch lank. Na, ich gann dir flistern: Meine Beene! Frieher fuhr weenechstens noch e Damfer von dr Jemsmer Bricke ..." Nu gennt'r mich doch, ich mache jerne ma mein Schnärz, drum saacht' ich forr se: "Du eeja mit dein 'frieher'. Gucke dr ema deine Fijjur an, un die anderen ooch alle. De Leide sinn schone widder janz scheen fedde jewordn. Forr so e Schmärbauch is es Loofen jesinder wie es Dampferfahrn. Ich finde das jans richtch, daß die Fährn abjeschafft sinn ..." "Ach, quatsche nich, baß uff, was'ch noch erzähle: 'Wie mr iwwer die erschte Holzbricke von Bulverweedn riwwer wolldn, bin ich in eens von die vieln Lecher mit'n Fenkabsatze schteckenjebliem! So enne Wärtschaft!" "Das vrschtehste nich", saach'ch mit ernster Miene, "die vieln Lecher sinn dadrfor da, daß dr Räjen jlei dorchloofen gann. Sonst vrfault die Brikke noch jansenjar, un die soll doch noch e Weilchen haldn."

Das vrschluuk sr de Rede! Da dad denn ihr Mann weiderberichdn: "Nu baß nur uff jetzt gomm mir endlich uff dr Insel an, greizlahm un halb vrdorscht - - da sinn dr doch sämtliche Loggale zu!! Geene Bank zum Ausruhn, gee Gaffee forr unsen Schtreiselguchen, gee Bier forrn Vader. Von Gonzerte jar nich ze reden."

Meine Frau gonnde sich schon es Feixen bahle nich mehr vrgneiben, wie ich widder anfink: "Soviel ich weeß, war an der dorchlecherdn Bricke e Schtand mit Wärschtchen, Bollahrgissen un Bier uffjebaut. Da hädd'r eich doch e Gasten Bier mit hinderschleefen genn".

"Mensch!!", bläkte mich da an, "du mit dein bleedn Jelaawre! Gannst du mir velleicht ema vrradn, wo e Arweeder, der de janse Woche jeglächt hat, wo der sich in Halle sonndaachs erholn soll?? Weeßt de an Schtaddrande noch e eenzches Jardenloggal?" Ich dat jans erschtaunt "Du lißt wo geene Zeidunk? Da schtand vorchde Woche drinne, daß mir uns in e baar Jahrn an Sießen See erholn genn ..." "Ach, heere uff, bis dahin solln mr wo sonndachs heeme glutschen?

Na, un du bist mr jrade dr Richtche! Schreibst e Jedicht iwwer de Raaminsel, un denn gemmt mr hin ..." "Na ja, s is jut", fiel ich'n ins Wort, "ihr habbt mr jä ähmd jenuch erzählt. Awwer mei Jedicht habbt'r nich richtch jeläsen. Ich hawwe nämlich jeschriem von e' 'Insel b a r r e d i e s e '. Hast du schon ema jeheert, daß es in Barrediese Damfer un Gneiben jejähm hat ...?" - Beeden blieb de Gusche offen schtehn, un schnell saachte meine Frau: "Laßt eich doch nich uff'n Arm nähm, der macht doch bloß Quatsch."

Bletzlich word'ch awwer selwer ernst: "Ginner, seid mr nich beese, ejendlich is das jarnischt zum Quatschmachen, in Jrunde jenomm is das Janse e eenzches jroßes Drauerschbiel!"

*20. 5. 1959*

# 's is sehre lange her ...

Also, 's is jä wärglich wahr: Nu is es doch schon ne Ewichgeet her, seidäm's es letzte ma jemaiumt hat! Scheen is es naddierlich, wenn mr frieh uff de Gläje jeht bei duftn Wedder un sich in dr Middaachsbause noch e häbbchen in de Sonne glutschen gann. Awwer, Menschnsginner, die Naddur is jä reeneweck ausjedärrt. De Heede un de Anlaachen sinn enne eenzche Sandwieste. De Saale is bloß noch halb voll. Also, ich finde, es mißte widder ma orndlich jirschen! Naja, sonst ganns bassiern, daß mr een scheen Daach de Leidung uffdrehn un nischt rausgemmt. Umsonst hats nich jeheeßen, das mr mit Wasser schbarn solln.

So eenfach ises allerdinks momendan nich, wo dr Bohngaffee billcher jewordn is, awwer da soll mr ejendlich jrade nich so viel Wasser dranblembern. Forr de Ginner is jä de Wassergnabbheet ne dufte Ausrede, die schbarn jerne bein Waschen, 's soll awwer ooch Jroßen so jehn. In een Hause, heert' ich , bad' Freidaachs ne siemgebbche Familje in een un denselm Badewasser, das sieht denn aus wie aus dr Saale. 'n andern frieh holn sichs denn de Nachbarn un scheiern noch de Drebbe drmit.

Naddierlich jibbts ooch Dickgebbche, die wolln nich schbarn. Die manschen jetzt erscht recht viel rum un denn meen se: "Die solln doch forr Wasser sorjen ..." Awwer sowas genn bloß Duste saachen. Glaps'ch is es naddierlich ooch, wie bei uns in dr Nachbrschaft, da lassen welche aus Angst, daß es Maium iwwer Nacht jans alle wärd, jedn ahmd de Badewanne bis ohmhin volloofen. 'n andern frieh drehn se 'n Hahn uff un wenns noch leeft - ziehn se 'n Schtepsel widder raus ... Bei manchen drockend anscheind ooch schon ohm e häbbchen was ein.

Um nu der Sache abzehelfen, mecht 'ch Eich foljenden Vorschlaach machen: Mir mißtn ema eenfach an Sonndaache alle unsern Deller nich abessen, vielleicht gemmt denn ma ne orndliche Husche.

*3. 10. 1959*

# Dr neinfuffzchste Becher

Was e richtcher ahler Hallenser is, den gann mr gaum was Neies iwwer unse Hallorn weismachen. Awwer 's Allerneiste wärd'r doch noch nich jeheert ham. An Sonnahmde war nähmlich in Schtaddvrordnden-Sitzungssaale enne besondre Feierschtunde. De Schwaacher von Hallorn, das sinn also den ihre Freinde undern hallschen Bärjern, ham anläßlich dr Jebortsdachsfeier unsrer DDR alle Hallorn dorthin einjeladn, um ihn den 59. Becher forr ihrn weltberiehmdn Silwerschatz ze iwwerjähm.

Jemacht haddn dr Silwerschmiedemeester Boege. Dr Becher is jans schlicht un jeschmackvoll un hat als Besonderheet zehn Gullern als Beene, sozesaachen forr jedes Jahr eene. Wenn mr sich iwwerleecht, daß dr allererschte Silwerboggal rund 300 Jahre alt is un daß de Hallorn forr jude Daden bis uff'n heitchen Daach balde e Schock dadrvon jeschenkt jegricht ham, denn find mr das scheen, daß se an Jebortsdaache von unsen Arweeder-un-Bauern-Schtaade, ooch een empfangn gonndn, denn schließlich sinn se doch de ältstn Arweeder, die mr in Halle ham.

Die janse Zärremonje war denn ooch mächtch feierlich. Es schbielte es Quardett von Schtaadlichen Simfonieorchester, un de Hallorn saßen in ihrer scheen bundn Festdracht un mit'n Fahn vor e andächtchen Bubligumme, Herr Professor Dr. Rzesnitzek schbrach iwwer unse jroßen Erfolje seit dr Gründung dr DDR, un Schtaddarchiwar Herr Piechocki dat vieles aus dr langen Jeschichte dr hallschen Salzwärker berichten.

Un denn gam der scheene Oochenblick: Dr neie Becher worde mit Bier jefillt un mit vieln Drinkschbrichen un under herzlichen Beifalle von den maßjähmden Berseenlichgeedn jeleert. Weil nu de iwwrichen Schwaachers bei den Anblicke ooch Dorscht jegricht haddn, sinn mr alle uff'n Hallmarcht nunder ins Glosterbrai jezoochen un da ham'r denn die jahrhunnerteahln sowie de neisten von den gostbarn Boggaln mit frischen Biere greisen lassen, wie sich's ähmd die leisten genn, die ihr Lähm lank gläjen forr enne jude Sache.

*7. 10. 1959*

# Geka mit'n Gärbchen ...

Also, mit den Selbstbedienungsslädn, das is wärglich ne dufte Sache! Mr gemmt nein, nimmt e Gärbchen in de Batschhand un sucht sich in aller Ruhe aus, was mr brauch. Besser gann mrs jar nich ham. Un wenn ema was nich da is, brauch mr geene Vrgaiferin in Vrläjenheet bringn un gricht ooch nich ze heern: "Ham'r nich!"

Wie mir nu neilichst aus'n Ginoe gamn, saacht de Frau forr mich: "Ich muß noch was eingoofen forrn Sonndaach." Mir also nein in nächstn Selbstbedienungsladn. Sie brescht vorneweck, schnabbt e Gärbchen un grabbscht drufflos. Ich vrsuche hinderdreinzugomm, da hält mr eener feste: "Gärbchen mitnehm!!" "Ach was," saach ich forrn, "meine Frau hat doch schon eens." 's half nischt, er drängelte mir eens uff. Was sollt'ch nu machen? 'ne jude Hausfrau vrjißt doch nischt. Wenn ich ärjendwas Brauchbares saak, denn hadde se das schon lange. Ich grichte nu Angst, daß 'ch mit e leern Gärbchen an de Gasse gam, un weil ich ne dicke Aktendasche undern Arme druuch, häddn die velleicht jegloobt, ich hawwe jegabbt ...

Uff ema saak ich in e Fache lauder gleene Schachtln mit e jelm Deckel, wo druffschtand "Salmiakpastillen". Da worde bletzlich meine Gindheet vor mein Ooche läwwendch. Mir nanndn als Schtifter die gleen viereckchen schwarzen Bastilln, die anjeblich aus Färdeblut sinn solln, "Basterschnecken". Warum, weeß'ch nich. Jednfalls ham'r die mit Schbucke uff de Hand druffjegläbt, wie's ooch de heidche Juchend widder macht, das jab denn e sechseckchen Stern, un denn ham'r so lange jeleckt, bis das Zeik alle war un unse Bläke jans schwarz aussaak.

Ich will nu geen mit mein Juchenderinnerungn lankweiln, awwer gennt'r eich das Jesichte von der Gassiererin vorschtelln, wie ich ahler Lulaatsch mit den Gärbchen daschtand un bloß enne gleene Schachtel Salmjakbastilln forr zweenzwanzch Fennche drinne hadde?? Das war iwwrichens es erschte ma, wo meine Frau jedan hat, als wenn se mich nich gennt ...

*17. 10. 1959*

## De Daum uff'n Marchte

Wenn frieher e frischjebacknes Bäärchen aus dr Gärche gam, denn jabs da zwee Meechlichgeedn: Warn's arme Schlucker, denn mußtn se 'n andern Daach widder uff de Gläje, warn's awwer sojenannde "Bessre", denn machtn die ne Hochzeitsreise von vier Wochen nach Wenedich! Dort dadn se denn schtundenlank mit'n Gahne dorch de Gannäle jondeln un uff'n Markusblatze de beriehmdn Daum fiddern.

Heide drjejen is das alles eenfacher: Wenn's junke Baar von Schtandesamde gemmt, denn brauch "er" bloß ne Diede mit Guchengriemelchen aus dr Hosendasche ze langn, un se genn uff'n Marchte in Halle iwwer hunnert zahme Daum vrfläjen. Naddierlich machen das nicht b l o ß Hochzeitsbaare, da wärdn jä die Veejel bahle vrhungern. Nee, ooch Leedche un Jeschiedne, Obas und Schtifter schmeißen den gleen Dierchen ihre iwwrichjebliem Breedchen von Bockwürschten hin. Un weil die nu wissen, daß es da, wo Menschen sinn, immer was ze bäbbeln jibbt, sinn de Daum von Halle ooch schon mächtch zudraulich un alleweile ooch beriehmt jewordn. Se ricken heechstens ab, wenn sich Dande Emmahn ihr Quien selbsschtändch macht un wie so e Närrscher drzwischenfäächt.

Wie'ch nu neilichst uff de Ellekdrische wartn dad, heert'ch e baar ahle Leidchen diskudieren. Die eene Oma saachte: "Wo bloß die Daibchen alle herjegomm sinn, frieher jabs doch uuf'n Marchde jar geene." Un enne andre meende drzu: "Naja, da mißte mr schone wissn, wen die iwwerhoobt jeheern." "Die sinn velleicht dr Gärche, weil se doch efdersch uff de Hausmannsdärme nuffmachen." "Das gloow'ich eejendlich nich. Forr was solln sich de Gärche Daum haldn?" "Na, denn hat se womeechlich de Schtadd anjeschafft."

Dadrnähm schtand nu e freindlicher Oba und dad schtille vor sich hinfeixen. Un weil'e nu mit den beedn Miehm ema sein Schnärz machen wollde, nahmbe lanksam de Daawaksbiebe aus dr Gusche un saachde mit ernster Miene: "Nennee, Fraun, die Daum, die jeherrn da hindn 'n Leihhause ..."

*7. 11. 1959*

## Weihnachten - 's Familienfest

Nu schteht es liewe Weihnachtsfest widder vorr dr Diere. Das heeßt, eejendlich is das Quatsch, denn e Fest gann nie vorr dr Schtummdiere schtehn. Da schteht heechstens dr Weihnachtsmann un bind sich de Larve noch ema richtch feste, damit daß se nachehr nich vrrutscht, wenn'e sich bickt un de Jeschenke aus 'n Sacke gramt. Er browwiert ooch noch ema so dief wie's jeht: "Seid ihr'n ooch immer scheen ardch jewäsen?" De jreeßte Angst von den liem Onkels, die sich jedes Jahr forr die schwierije Uffjawe zr Vrfiejung schtelln, is nämlich, daß se von den vorlaudn Schräbbchen an ärjendwas ergannt wärn. Was dud mr nich alles forr de Familje ...

Un Weihnachtn is jä bei uns hier e richtches Familjenfest jewordn. Mr mechte balde saachen - e Familjen j r i n d u n g s fest, wenn mr kerzlich in unsen Bladde läsen dad, daß in Halle iwwer de Feierdaache 178 Baare jedraut wärn! Welches Fest is'n dadrzu ooch besser jeeijent wie Weihnachtn? Ooch zum Vrloom is es de beste Jeläjenheet. De Zahl dr Vrloowungen mecht'ch nich ema wissen! Da hat's schon manchen erwischt ...

Wenn da so e harmloser Scheeks von sein Määchen ihrn Eldern an erschtn Feierdaache nachmiddaachs zu e Schtickchen Schtolle einjeladn is un es Herzglobben dorch e baar Dassen Bohngaffee noch schlimmer wärd, wenn dr Vader 'n junken Mann eene von sein bestn Zijarrn anbiet un so jans nähmbei nach dr Lohndiede forscht, wenn de Gärzen an Boome brenn un de Mamma 's junge Glick, das Hand in Hand uff'n Gahnebee hockt, mit feichtn Oochen anschtrahlt, denn jeheert schon ne janse Borzjon Dickfellichgeet drzu, der Jeläjenheet zr Vrlowung aus'n Wäje ze jehn! Na ja, warum solln se ooch nich, warum soll's andern besser jehn wie uns?

Wir winschen jednfalls den vieln Bäärchen, daß'nse noch ofte in ihrn Lähm in Frieden un Enichgeet zesamm undern Dannboome sitzen genn.

*24. 12. 1959*

## E juder Ein'all zum Geddenfimmel

Mir Männer hams jä ejendlich doch jerne, wenn sich de Frau forr unsereen hibsch macht. Un mir schenken sr ooch manchma ärjendwas Schmuckes zum Anschtecken oder Umhängn. Awwer zu jeder neien Bluse jlei ne bassende Gedde, das leeft naddierlich alleweile mächtch ins Jeld.

Nu is awwer de Mode uff e duften Drichter jegomm: Mr gann jetz Gedden goofen, die neimoodsch un bilch sinn, un die mr, wenn dann dr Zaster alle is, eenfach ausnadergnibbern gann, so daß se noch e vollwärdches Middaachbrot abjähm. Anjefang hat's mit Sonnblumgerngedden, die sahn orndlich exodisch aus. Naddierlich gann sich nu nich jeder jlei Sonnblumgerne besorjen, drum ham's viele mit Aebbelgerne jemacht. Ehr mr awwer so e Hoofen Aebbelgerne hat (da muß mr zemindesten e Schräwerjarden ham), un ehr mr die mit eener Nadel alle dorchjegiegelt un uff e Zwärnsfaden jefädelt hat, is die Mode vielleicht schon widder vorbei.

Da jeht mr ähmd in Gonsum un gooft e baar Fund Erbsen, Bohn, Linsen, Buffreis oder was Aehnliches un guddelt sich die an e Bindfadden um Hals. Heide is jä das widder meechlich. Fimfenvärzch hädd mr uff de Nährmiddelgarte jarnich soviel uff eene Degade jegricht.

Ich bin doch nu von jehär forr e häbbchen was Schnärbliches jewäsen, drum hawwich mr forr meine Jude zum nächstn Hochzeitsdaache was Duftes ausjediftelt: Ich schenke sr ne lange Gedde aus Bockwärschten! Die griech' ooch jlei an jeder Wärschtchenbude.

*27. 4. 1960*

# Die dufte Boängde

Ich dreffe jetzt efdersch mein Freind Otfried in Zuche. Wie mer jestern alle beede so halb vrschlafn in Dobbelschteckchen glutschten, da fraacht der mich uff ema: "Saache ma, du Fauldier, warum schreibst du 'n eejendlich nischt mehr in dr LDZ?" "Ach weeßte", saacht' ich forr'n, "ich fahre doch seit e baar Wochen schon jedn Daach in aller Herrjoddsfriehe nach Leibzch niwwer uff de Gläje un ahmds schbäde widder redduhr. Wenn ich da heemegomme, bin ich froh, wenn ich nischt mehr ze machen brauch. Außerdäm gomm' ich nich mehr in de Schtadd un erläwe nischt, was de Leide indressiern wärde."

"Was laawerste da zesamm? Du erläbst nischt mehr? Is das nich jedn Daach e neies Erläbnis, wennste so zwischen de zwee Schtädde hinunherjondelst? Gugge dr bloß e häbbchen um, da siehste allerlee, un wenns die junkn Mächens dort driem sinn mit ihre luftchen bundn Gleeder un ihrer judn Laune in aller Friehe. Un wenn een denn de uffjehnde Sonne dorch die dreckchen Scheim anlacht ..." "Naja", dad'chn druff undrbrechen, "in Sommer mag das noch hallwächs jehn, awwer wenn in Winder geene Sonne mehr lachen dud un de junken Mächens e dicken Mandel draachen ... Nennee, 's is doch vieles drbei, was nich scheen is. Da fällste schon bein Einschteijen iwwer een seine Schtänder, denn roochen manche in Nichroocherabdeile, andre schberrn eejal de Fenster uff. Wenn de ahmds in Halle ausschteijen willst, denn drängeln se dich vor dr Diere un schiem dr de Goffer zwischen de Beene, daß de jar nich nausgemmst. Wie scheen war das, wo mir noch in Halle jeglächt ham, da war mr värdel fimfe heeme un denn jinks erscht ema richtch los!"

"Naja", schtellte mei Golleje denn feste, "ich märge, de hast noch nich ausjeschlafn, drum biste so mulksch. Awwer ärjendwas genntste doch ema iwwer unse dächliche Reise schreim." "Ach, quaddre doch nich", dad'chn denn belehrn, "wo is'n dadrbei enne Boängde??"

Wißt'r was der da andwordn dad? "Boängde!! Forr was brauchst du'n eeja enne Boängde? Von den Honnerare, was de dadrfor grichst, jehn mr ma in den duften neien Wardesaal un gimmeln e Gleen, das is denn unse Boängde ..."

*2. 7. 1960*

# De Wochngarte ohne Nam

Wie dazema in Halle uff'n Bahnhofe de Schberrn mit ihre Gnibserhaischen abjeschafft wordn, da hat unsereener, der schon so an Selbstbedienungslädn jewehnt is, jar nischt weider drbei jefundn. Awwer wenn mr däächlich uff dr Bahn licht, denn märgt mr erschtema,was das forr e Fortschritt is. Der Hallenser, derde bis um siem in dr Glabbe licht, macht sich iwwerhoobt geen Bejriff, was da frieh beizeidn schon forr Menschenmassen uff'n Been sinn. Dausende flitzen in Bahnhof nein und raus.

Frieher rammelten se sich da an dr Schberre, das war e eenzches Jeschubbe und Jewärje. Ofte dadn denn noch Urloower mit Gind un Gejel drzwischen rumgrauchen. Heide is das jans bequem: Mr had seine Wochngarte in Bortjuchee un de Bemme in dr Jackendasche un dabert ohne Uffreechung dorch de Vorhalle, was naddierlich noch viel schneller jehn wärde, wenn die sich mit ihrn Umbaue vorne endlich ausjemährt häddn.

Nu gennte mr denken, daß e baar Gadeddn drunder sinn, diede das ausnutzen un forrnsonst fahrn wärdn, awwer das hawwich bis jetz noch nich erläbt. Mir selwer isses allerdinks ema bassiert, daß'ch in Draasche vrjessen hadde, mein Nam uff de Wochngarte zu schreim. Da gamb denn enne hibsche Schaffnern un saachte: "Hier schteht jä gee Name druff!" Ich dad nu schichdern: "Härrejeemerschnee, was wärd'n nu?" "Da missen Se fimf Mark Schtrafe zahln!" "Wenn ich nu gee Jeld mithawwe?" ... "Na, da muß'ch Sie mitnähm!" - Ach, hawwe ich mr geärjert, daß'ch uff de Gläje mußte ...

Mei Freind Otfried der hadde sich das jemärgt. Un wie den seine Familje jetz värzn Daache verreist war, da hat der eenfach geen Namn uff de Wochngarte jeschriem un gee Jeld einjeschteckt ... Awwer seidäm sinn bloß Männer gondrolliern jegomm.

*9. 7. 1960*

## De gabbuttchen Garrn

Wenn mr bei uns in Halle iwwern Marcht dapert, denn sieht mr da andauernd e Hoofen Leide schtehn, die sich e Audo begucken. Nu gann mr denken: "Die Dumm ham wo noch gee Audo jesehn?" Awwer wenn mr selwer ma ranjeht, muß mr zujähm, daß sich es Schtehnbleim vrlohnt. Jednfalls hawwich in Leibzch un wo ich sonst iwwerall hingomme, sowas noch nich endeckt.

Da schtellt nämch de hallsche Bollezei gabbuttche Audos hin, die se bei Vrgährsunfälln uffjeläsn hat. Also, wer den duftn Vorschlaach jemacht hat, nach den mißte derekt ne Schtraße benannt wärn. Mischt eich ema under de Massen un beowacht von dr Seide de Jesichter. Gee schtundnlanger Vordraach iwwer Vrgährserziehung hat solche Wärkung wie ee Blick uff so ne zerrammelte Garre! Un denn heert eich ema an, was de Bevelkrung dadrzu forr Bemärkungn macht. Da gennt'r hallsche Ausdricke lern. De Meenung bei den letztn Ausschtellungsschticke war unjefähr so: "Da besaift sich der Lumich erscht, denn raste wie e Närrscher los un fährt so e deires Audo in Glump! Fähldе bloß noch, daß der Schtromer e baar Menschen iwwern Hoofen jefahrn hädde! So eener vrdient von frieh bis ahmd nischt weider wie orndlich 'n Wanst voll!"

Schade, daß der Sinder nich ooch noch mit ausjeschtellt wärd, wie in friehern Zeiden an Branger. Den wärdn se awwer de Läwwidden läsen! Forr de Graftfahrer mißtes eejendlich zr Flicht jemacht wärn, sich das immer anzegucken. Ich gloowe, da wärdn dr Abbediet uff e Bier oder e Hardn verjehn.

Uff'n Dälmannblatze seh' ich jetzt, wenn ich von Bahnhofe gomme, ooch eeja de Menschen um e ramboniertes Modorad schtehn. Dort mißten se ma alle die junken Bengels hinfiehrn, die immer wie de Losjelassn dorch de Schtadd fäjen!

Wer sich nu dadrfor am meesten indressiern dud, das sinn wärglich unse Ginner. Die diskediern da schtundnlank wie ahle Fachleide. Un wie sich das denn bei die gleen Fiffigusse auswärkt, das gonnt'ch iwwrichens neilichst bei uns uff'n Hofe beowachtn: Da hadde eener von sein gleen Scheekse 'n gabbuttchen Roller hinjebaut, e Bindfadn drumrumjeschbannt un e Zeddel mit unjelenkcher Schrift dranjebammelt:

"Dieder hat so viel brauße getrunken. Un da ißt er mit sein Roller gegen die Hoftür Gefaren..."

*16. 8. 1960*

## Besuch bei GEKA

Wer de LDZ nich erscht seid vorchdr Woche lißt, der wärd in dr Zeidunk von 31. 10. 59 uff die Iwwerschrift "Ein Brief an 'Mister' Geka" jeschtoßen sinn. Dort schtand ze läsn, wie Herr Baul Bettke, der vor iwwer dreißch Jahrn nach Amerega ausjewandert is, un von sein Bruder aus Halle de LDZ niwwerjeschickt gricht, sich forr de "Jrieße iwwern Ozjan" un andre Jeschichtn bedanken dud.

Wie ich nu an Sonnahmde vor acht Daachen aus Leibzch heemejegomm war un meine Gardoffelsubbe jeschbult hadde, da ham mir erscht ema ne gleene Umme jemacht. Uff eema bimmelts. Mir wolldn jä uns dodschtelln, awwer de Schwiejermudder hadde schon uffjemacht. Na, un wer schtand da freideschtrahlnd vor dr Gorredordiere? Schtimmt - Dr Meester Bettke mit dr Frau un sein hallschen Bruder.

"Mir ham nämlich e baar Wochen Färjen jenomm un wolldn de ahle Heemat un de Anjeheerichen ma widder sehn. Denn jehts noch niwwer nach Leibzch uff de Messe, na un schließlich wollt 'mr ooch ema den gennlern, iwwer den sein Schmuß mir driem in Schtaadn ofte sehre lachen missen."

Nu gennt 'r eich denken, was da bei uns los war! Jesehn ham 'r uns zwarschdns es erschte Ma in Lähm, awwer es war, als wie wenn mr sich schon jahrelank gannte. Zwischen den vieln Erzähln brachde Schwiejermudder 'n Abbelguchen an, awwer dr Besuch schtreibte sich mit Händn un Been: "Iwwerall wo mir hingomm miss 'mr essen", schtehnte Mr. Bettke, "ich hawwe in den baar Wochen in dr ahln Heemat schon 17 Fund zujenomm!" Was se heern wolldn, das war ähmd was Hallsches. Ich mußte viel vorläsn un ham ooch manches mitjejähm forr sich un die andern Hallenser da driem.

"Mir schbrechn nämlich under uns immer noch hallisch, ooch unse Ginner", meente de Frau Bettke. "Unser Schwiejersohn zum Beischbiel, der wollde ooch Deutsch lern, da ham 'r naddierlich alle mit jeholfen. Un so bassiertes, wie den sei Briwwatlehrer (der aus Wien war) fraachte, wie "Sändwitsch" uff deutsch heeßt, daß der brommt saachte: "Bemme!"

Un denn dadn se noch allerlee von ihrn Lähm da driem berichtn. In den fremdn Lande, wohin de Menschen dazema wäjen dr Arweetsloos'chgeet ausjewandert sinn, haldn naddierlich die baar Hallenser zesamm wie Bäch un Schwäfel. Se besuchen sich ofte, un denn wärd uff hallsch jebaabelt, wärn Erinnerungen uffjefrischt un de Mundartjeschichtn aus dr LDZ vorjeläsn.

So war denn der Besuch forr uns alle e scheenes Erläbnis, un mir ham deitlich jeschbiert, was doch de Mudderschbrache forr ne jroße Graft hat un wie se de Härzn dr Menschen undernander vrbindn dud, sozesaachen wie ne Bricke, ooch wenn e noch so breedes Maium drzwischn licht.

*14. 9. 1960*

## De Hinner uff'n Marchde

Nu war ich doch widder e baar Wochen nich in Halle. Das währd'r jemärgt ham, wa? Da war denn neilich mei erschtes, daßch e gleen Schlenker dorch de Schtadd jemacht hawwe. Dadrbei wolltch ooch ema gucken, was de Daum auff'n Marchde noch machen. Awwer wiech hingomme, is jrade Wochenmarcht, un dort, wo de Daum sonst rummährdibbeln, warn e baar Schtände, wo Schkatgarten, Fleckenwasser un Haarwasser vrgooft wordn. De hallschen Daum awwer glutschten uffn Rodn Dorme un dadn den Begleckern.

Wo ich weiderjehn wollde, heertch uff ema e laudes Jegackre driem von dr "Beerse" her. Da wordch schtutzch. Ich daberte quär iwwern Marcht, den Done nach, un was erschbät mei Ooche? Hinner! Hinner hinder Jiddern. An e Schilde war ze läsn: "Läwwendjes Jefliejel - uff Wunsch jeschlacht." Da bliewch nu erscht ema schtehn. Uff ema machtes "Knättsch!" un es Gackern war vorrbei. Gorz drnach gam enne Frau mit ner dodn Hinne, der se e Schticke Babbier um Hals gefriemelt hadde, aus eener mit blauen Ijelitt beschbannten Gabbiene raus.

So isses nu uff dr Welt: Die arm Viechter gauern da ahnunkslos un begucken sich de Leide rundrum. Denn wärn se rausjeangelt un uff de Waache jegnallt: "Nein Mark värzsch. Isses so recht, meine Dame?" Dr Dame war's naddierlich recht, dr Hinne velleicht weencher, awwer nach der jehts jä nich. "Soll ich se Ihn schlachtn?" - "Achwo, jähm se her, das mach'ch alleene ..." E Weilchen druff gam e jroßer, schtarker Mann, der wollde sei Subbenhuhn jlei jeschlacht ham. Da sieht mr widder ma, was mir Männer forr e weeches Jemiede ham! Ich gennde jä so es unschuldches Dierchen ooch nich abmorksen, wenn das mich so mit sein ängstlichen Hinneroochen angucken wärde.

Jetzt gommich heeme, da schtrahlt mich de Frau an: "Heide wärste dr frein, 's jibbt was Duftes!" Un was bringt se uff'n Deller rin? ... 'ne dode Hinne! "Is die nich scheen gnusprich?" Naddierlich hadde die Gleene geen blassen Schimmer, warum ich so nachdenklich uff mein Deller schielde. Awwer wie'ch färtch war mit essen, da dachtch in schtilln: "Jans ohne was drzu wärn de Gardoffeln doch e häbbchen drocken jewäsen ..."

*20. 10. 1960*

# Dr Fernsehabberat

"Dadiiie - dadaaa!" Mit e mächtchen Zahne rast de Feierwehr an dr Feinfelder Schule vorrbei - un jenauso schnell schtärzen de Ginner aus dr 6 c an de Fenster. Ich will ema saachen, die Glasse is sonst nich schlecht, awwer bei sowas sinn die nich ze haldn. Naddierlich is de Maddemadickschtunde erscht ema hin.

"Ich weiß nicht, wie ihr nur seid!" schimbt de Lehrerin. "Erst macht ihr so schön mit, un ich freue mich, daß ihr die schwierigen Rechenaufgaben so gut verstanden habt, auf einmal springt ihr alle von den Plätzen, als ob ihr noch nie eine Feuerwehr gesehen hättet. Wenn meine Kleinen in der 2 c das tun würden, könnte ich es noch verstehen, aber bei euch hätte ich doch etwas mehr Disziplin erwartet!" Jans bedäbbert is da die Roddegora, denn - ärjern wolldn se jä de Lehrerin dadrmit wärglich nich.

E baar Wochen schbäder. De Glasse schreibt ne Maddearweet. Uff ema: "Diedaa - diedaa!" saust e Grankenwaachen de Freinfelder Schtraße lank. De Lehrerin hat schon widder alle neine un denkt, die hubben jlei widder von ihrn Blätzen. Awwer nischt bassiert. Bloß bein erschtn Done floochen alle Gebbe in de Heehe. Uffjereecht meld sich e Junge: "Frau Krause, da war e Mensch in Lehmsjefahr!" "Sei still!" saacht de Lehrerin. "Das weißt du ja gar nicht!" "Ooja, das schtimmt!" rufen nu noch e baar Ginner. "Es Grankenaudo hadde de Fahne rausjeschteckt." De Lehrerin war blatt! "Aber ihr habt doch gar nicht ..." "Doch, das ham wr in unsern Fernsehabberat jesehn." Nu denkt de Lehrerin, die Wänster wolln se vrgackeiern un will jrade schimben, awwer da meld' sich so e Gadedde: "Frau Krause, setzten Se sich mal auf mein Blatz un gucken da ohm in die weiße Gullerlampe, da gönn Se jenau sehn, was auf dr Schtraße bassiert: Sehn Sie, jetzt gommt ne '6' von Schlachthofe un dort ..." So erglärt der seiner Lehrerin, was sich da undn abschbielt. Un se iwwerzeicht sich selwer, mr gann alles jut ergenn. Se schmunzelt un schiddelt mit'n Gobbe. De Rasselbande feixt. "Wahr, Frau Krause, diesma war'n wr doch nich unjezoochen? Un das mit unsern Fernsehabberate is doch ne dufte Erfindung, wahr??"

Nu gonnde se naddierlich nich schimben, awwer jetzt muß se dichtch uffbassen, daß sich nich eener de janse Schtunde es Fernsehbrojramm dr Schtraße anguckt.

*2. 11. 1960*

## Geka is nach Leibzch jezoochen ...

Also, lange wär das nich mehr jut jejang. Meine Frau wollde sich doch scheidn lassen!! "Das mach'ch nich mehr mit!" meende se neilichst, "endweder du gemmst ahmds erscht schbäde heeme oder daachelank iwwerhoopt nich. Iwwer zehn Jahre is mr nu vrheirat, un eeja biste nich da ..."

Naja, se hadde jä recht. Jetzt bin ich nu seit een Jahre in Bezärge Leibzch einjesetzt. Un nachdäm mir nu ooch ne orndliche Dauschwohnunk anjebodn worde, sinn mir - nach Leibzch jezoochen!

"Nach Leibzch??" fraacht mich e juder Freind, "du ahler Hallenser? Wo du so an Halle hängst?"

"Du hast schon recht", dad'ch'n beiflichten, "awwer under uns jesaacht, an meiner Frau häng' ich eejendlich noch mehr!"

Najodd, Leibzch is jä nich aus dr Welt, da wärn mir efdersch ema uff Sondaachsrickfahrgarte e Abschtecher machen. De Umjäwunk von Leibzch hat soweso nicht viel zu biedn. Da setz' mr uns fix ema sonndaachs frieh uff de Bahn, denn fahrn mr mit dr "6" uff unse Raaminsel naus, ze Middaache schbachteln mr was Duftes in Rosse, un denn gugg'mr bei de Vrwandn.

"Awwer - was wärd'n denn mit dr LDZ??" wollde mei Golleje wissen.

"Na - warde nur ab, du", dad'ch'n vrsichern, "das gann jans indressant wärn. Zwischen den zwee Nachbrschtäddn sinn jans scheene Vrjleiche meechlich - un du weeßt doch: ich beowachte scharf! Ich wäre balde berichtn, wo was besser is, was de Schtraßenbahn bedrifft, de Sauwergeet dr Schtraßen un Anlaachen, de Jastschtädden, de Jeschäfde, de Beheerdn, de Freindlichgeet dr Bevelkrunk un ..."

"Na du", underbrach mr abber de Frau, "mir sinn doch bis jetzt noch geen unfreindlichen Sachsen bejäjend."

"Nennee", jab ich zu, "jejen Fremde sinn de Bewohner dr Messeschtadd schtääts heeflich."

Da guckte se mr bletzlich nachdenklich von dr Seide an un meende in ihrer freindlichen Art: "Jaja - ich gloowe, du wärscht hier noch lange e "Fremder" bleim - du ahler Hallenser, du ..."

*3. 6. 1961*

## Zejar die Leibzcher gomm ...

"Nu, Sie wähm doch sischer die Daache mal nach Halle niewerfahrn, newahr?" fraachte mr neilichst ne Nachbarn in unsen Hause hier in Leibzch. Ich saachte: "Wie gomm Sie'n dadruff?" "Nu - heern Se ma, mei Gudsder, an alln Blaggatsailn in Leibzch schtehts doch dran, daß Ihre alde Heimatschtadd Halle ihr dausendjährisches Beschtehn feierlisch begeht ..."

Wenn ich hier die Wärder, die in Halle mit "ch" jeschbrochen währn, mit "sch" schreiwe un die mit "j" meerschtens mit "g", denn genntr dadranne märgen, daß e Leibzcher dran is mit dr wärdlichen Rede. Hier sachen se nämlich zum Beischbiel forr ich "isch" oder forr dufte "herrlisch". Wenn e Hallenser beischbielsweise meent: "Jejenniwwer in Jemiesejeschäfte hats jestern jriene Jurken jejähm", denn saacht dr Leibzcher so: "Geeschenieber in Gemiesegeschäfde hats gäsdrn griene Gorgn gegäääm." De Schtraßenbahn gost hier ooch nich "fuffzn Fennje" sondern "zwanßsch Fänge". Da gennte mr naddierlich noch e Hoofen Beischbiele bring, awwer das wär'ch bei bassender Jeläjenheet schon immer mit machen.

Also - wie jesaacht - es schteht hier iwwerall ze läsen, daß Halle sein dausendsten Jeboortsdaach feiert. An jedn Blaggade, wo mir vorrbeigomm frein mir uns alle beede, denn wenn ooch in Halle nich so ne dufte Messe is wie in Leibzch, - ne Dausenjahrfeier ham se hier noch nich jehabbt! Aus den Jrunde fahrn ooch viele von mein Leibzcher Gollejen nach Halle un wolln sich das ema angucken.

"Ehrlisch gesaacht", meente neilichst eener forr mich, "isch fahre gerne ma nach Halle niewer. Die Schtadd hat noch sowas Romandisches an sisch: die gleen Gassn, die aldn Haiser..."

"Na - wardn Se nur", fiel ich'n in de Rede, "da sinn jetzt de Fassaden jebinselt wordn, da sehn Se's den Haisern nich mehr an, daß die schon dausend Jahre alt sinn ..." Er lächelte heeflich iwwer mein Schärz un dad weider schwärm: "Oooch die scheene Saalebardie mit die Bohrfierfelsen un de Borsch Giebischenschtein. Wenn das ooch nisch mehr ganz rischtisch is: An der Saale h e l l e m Schtrande - unse weiße Elster is in Würglischgeit ooch nisch ganz weiß -, awer dort drauf gann mr doch herrlische Damferfahrdn machen, zum Beischbiel nach Weddin oder Rodenborsch. Na - un zum Ladärnfest sinn mir ooch eega nach Halle gefahrn!" Mr freit jä sich denn doch iwwer solche Redn...

Bei der Jeläjenheet muß'ch allerdinks zujähm, daß mr die Daache ma welche de Lewwiddn jeläsen ham. Da gricht'ch e Brief von enner Familje aus Drode, die schreim, daß das nich jans schtimm wärde, wenn ich behaubte, Leibzch hädde nich viel ze biedn, un mir wolldn liewer sonndaachs nach Halle gomm. In den Briefe ham se mir ooch ne Fuhre Ausfluuchsziele anjejähm, wo die nu widder von Halle aus hinfahrn, was ich sehre indressant jefunden hawwe. Un nachdäm mir nu de Jardien un de Lamben dran ham, es Wedder sich lanksam besonn had, un mir uns ooch von den Umzuuchsdraasche erholt ham, jehts los: Da machen mir Leibzch unsicher: Da heert'r denn balde ma was driwwer.

Awwer erscht wolln mir ma in Halle de Dausendjahrfeier bejehn. Dadrzu schick ich (ooch von dr Frau) viele herzliche Heematjrieße! In ahler Anhänglichgeet.

*23. 8. 1960*

## De Jrindunk dr Schtadd Halle

Es war ema e gleenes Nest,
das "Dobresol" sich nannte
un das in Nord, Sied, Ost un West
e jeder Volksschtamm gannte.

Vor iwwer dausend Jahren schon
jab's dort an ener Schtelle,

wo jetz e Hoofen Leide wohn,
'ne eejenardche Quelle.

Es hadde nämlich dazema
e Schwein dort rumjefriemelt,
un wie das rausgam, - denke ma! -
war's jans mit Salz begriemelt ...

Erscht ham die olln Jermahn jelacht,
wie eener dadran leckte;
denn ham se's alle nachjemacht -
un gucke da: Es schmeckte!

Nu worde lange simmeliert,
un denn - mit fiffcher Miene,
da hat dr Haiptling gommandiert:
"Mir baun uns ne Saline!"

Se holten sich de Sole raus
aus dieser ulkchen Fitze,
un wärglich worde Salz dadraus
bei dichtcher Bullenhitze.

Wenn ihr nu denkt, die warn nich gluch,
denn seid'r schlecht beradn:
Die haddn bahle Salz jenuch
forr ihren eejnen Bradn.

Drum faßtn se den Ratsbeschluß
nach vielen Disgudieren:
Mir ham an Salz e Iwwerschuß,
den genn mr exbordieren!

Nu brach bei den' dr Wohlschtand aus!
Dr Met floß unuffheerlich,
manch eener baute sich e Haus ...
Da worde es jefährlich!

Dr Fudderneid, der reechte sich.
Die andern Velkerschtämme,
die jennten unsen Ahnen nich
es Salz uff ihre Bemme.

Just gam uff ema iwwers Land
dr Geenich anjeridden.
Fix sinn se alle hinjerannt,
um den e'was zu bidden.

"Herr Geenich!" fink dr Haiptling an,
"Ihr habbt geen blassen Schimmer,
was mir hier dorchzemachen ham:
Uns iwwerfalln se immer!

Damit die schwere Gläje mir
in Ruhe genn vrrichten,
wolln mir an dieser Schtelle hier
ne feste Schtadd errichten,

ne Mauer drum, ham mir jedacht,
mit Därmchen un mit Schbitzen
un Wächtersch druff bei Daach un Nacht,
soll unser Werk beschitzen."

Das heerte sich dr Geenich an,
denn dade bletzlich lachen
un fraacht'n Haiptling heenisch: "Mann!
Wie wollt'n ihr das machen?

Zwar is das leichte hinjesaacht,
doch gosten dud's e Hoofen.
Wollt ihr die Lumben, die ihr draacht,
forr deires Jeld vrgoofen?"

Nu gränkte das de ahln Hallorn
jans dichtch in ihren Schtolze,
drum schbrachen se: "Hochwohljeborn,
uns fehlt es nich an Holze,

da sieden mir soviel ihr wollt,
denn Sole jibbt's in Massen.
So wärd es Silwer un es Jold
nich uff sich warten lassen!"

Dr Geenich war nu richtch belehrt,
er feixte nich mehr heenisch.
Jans freindlich schbrach'e:"Also heert!
Ich saache eich als Geenich:

Das mit der Schtadd wärd so jemacht,
den Bau erloow' ich jerne,
un leichten solln bei Daach un Nacht
eich Sonne, Mond und Schterne."

Jetz freiten die sich wie de Ärrn,
als das so fix dad glabben.
Drum draachen Sonne, Mond un Schtern
mir heide noch in Wabben.

Nu hieß es Salz doch damals "Hall",
drum riefen frehlich alle:
"Mir als Hallorn, uff jedn Fall,
nenn' unser Schtädchen "Halle".

## Jruß aus 'n Bedde

Da guckt'r awwer - wa? Ihr währd jedacht ham, von Gekan'n heern mr in Lähm nischt widder. Naja, so jehts een ähmd, 's heeßt doch: E Unjlicke gemmt seldn alleene. Un wenn mr ooch nich awerglaiwisch sinn soll, awwer in Leibzsch hat's uns jans scheen erwischt:

In November fink de Frau an grank ze währn, von Jannewar bis März laach ich in dr Chirurchschen Glinik, wo se mr 'n Darm uffjeschnaarzt ham, gaum widder uff 'n Been, glutsch ich seit Mai schone widder mit enner saftchen Jelbsucht in dr Meddezinschen, un wie 'ch hier bin, schafft'n se de Frau ooch noch ins Grankenhaus. Das is naddierlich jans scheen habbich. Awwer nu jeht's alleweile schone widder besser, un wie 'ch nu hier so schtille un jeduldch in Bedde lieche, da denk 'ch, de mißtst eejendlich ema an deine Freinde in Halle schreim. Neilichst, ze mein Jeboordsdaache, hatt 'ch scheen Besuch von Heeme, awwer nach Leibzch fahrn un ins Grankenhaus loofen, is je ooch gee dufter Feez. Mei gleener Scheeks, derde jerne foddejrafiern dud, meente forr mich: "Nu wollt 'ch mit dier dorch de Messeschtadd schtreechn un zembe Bilder gnibsen, da leechst du Matzbläke dich ins Bedde!" "Na", saach ich, "gucke ma raus - es maiumt schone widder ma!" Wenn ich jetzt in Urloowe wär, däd 'ch mr iwwer das dußliche Wädder bloß von frieh bis ahmd schwarzärjern, awwer so halt' ich's aus hier hinne ("hinne" saachen nämlich de Sachsen for "drinne").

Bloß mit 'n Achelbutze das is e Jammer! Nischt Jebratnes, geene anschtändche Worschtbemme, alles ohne Jewärze (wo mir in Halle unse Saline hadd'n)! Bloß eeja Bambs un laudr so lättschjes Zeich. Dadrfor ham se in Leibzsch e bassenden Ausdruck, die nenn das "Babberschmatz". Zehause jaht das denn so weider, un geen Bohngaffee, gee Bierchen un Schnäpschen de nächsten Monadde - das wärd e Fest". Awwer mr sieht's ooch, ich gomme mr vor, als wenn ich bei dr letzten Wäsche einjeloofn wär - gee Anzuch wärd mir mehr bassen. Na, un es Jeld zieht ooch jämmerlich de Beene an, wenn mr so lange Gasse macht. Ich hawwe ja immer jesaacht: "Liewer reich un jesund als wie arm un grank!" Awwer meine Doktorn hier die hat mich schon jelobt: "Lassen Sie man - das wird alles wieder. Ihre grenzenlose Ruhe ist jetzt mehr wert als Geld ...!" Da habt'rsch widder! Nur de Ruhe gann's machen! -

So, nu hoff ich, daß 'ch de längste Zeit hier zujebracht hawwe un denn griech ich noch vier Wochen Schonzeit mit e häbbchen Ausjank. Da machn denn mir zwee Hallenser in Leibzch efdersch e gleen Schlenker, un da hawwich ooch Zeit, Eich dadrvon ma was vorzeschmusen.

For heide war das Schreim schon Gläje.

Viele härzliche Jrieße aus 'n Bedde send' Eich Eier ahler Freind.

*25. 7. 1962*

## Dr eene un dr andre

Silwester feiert jeder so
nach sein' eejen Wunsche:
dr eene machts vrgniecht un froh,
dr andre mit e Flunsche.

Dr eene gimmelt Schnaps un Wein
zu zweet in dr "Balledde",
dr andre schließt sich heeme ein
un graucht schon zeitch ins Bedde.

Es neie Jahr fängt jeder an
uff seine Art un Weise,
dr eene grehlt so laut er gann,
dr andre is hibsch leise.

Dr eene hat en Gobb wie Blei
am scheenen Neijahrsmorjen,
dr andre zieht ne Lawwe jlei:
"Nu gomm ooch neie Sorjen!"

Dr eene denkt ans alde Jahr
mit e vrschmitztn Lachen,
dr andre iwwerleecht zejar:
"Wie gennt' ich's besser machen?"

Dr eene un dr andre nu,
der winscht sich Glick un Frieden.
Ich ruf' een un andern zu:
"Das sei eich ooch beschieden!"

## Dr Dellefonanruf

Da bimmeld doch die Daache bei mir in Leibzch es Dellefon: De Elldeezett ist dran ... Die hadde von enner hochjeschdelldn Berrseenlichgeed e Dibb jegrichd: Der ahle "Geka" is jezz imfalliede, da had der velleichd e häbbchen Zeid, ema widder was für seine ahln Freinde in Halle zesammzemährn ...

Erschd dachd'ch, werrweeß, ob sich iwwerhoobd noch eener nach so langer Zeid an mich besinn gann, awwer eejendlich jehds jä nich um mich, sondern um unse liewe Mudderschbrache. In alln Jeejenden von unsen Lande lähm de Mundarden widder uff, un de Leide jebrauchen se nich ohne e jewissen Schdols. Mr märgd dadran denn ooch balde, wo eener herschdammd. So saachd mr zum Beischbiele for das Word "gegenüber" in Halle "jejeniwwer" und in Leibzch "geescheniewer", un das mid noch e mussegahlschen Doonfalle in dr Schdimme. Un warum saachd mr dadrzu "Mudderschbrache"? Weil frieher dr Babba, wenn der ahmds miede un gabudd von dr Gläje heemgahm, meerschdendeels seine Gusche jehaldn had ...

Ehrlich jesaachd, hawwich mr iwwer den Anruf "ächd" jefreid, wie sich heide dr Volgsmund ausdriggen dud. Nu hawwich doch e Jrund, efdersch ma widder in meine Vaderschdadd ze fahrn (Gomisch, geener saachd "Mudderschdadd", wa?).

Wie'ch neilich ema dorch Halle nach'n Siesen See jegutschd bin, hawwich von dr Hochschdraße die neien Haiser an dr Brunoswarte beguggd: Nich schlechd!! Bloß de Franksche Schdifdung schdach drjejen dichdch ab. Ooch das neie Goofhaus in dr Mansfelder Schdraße machd orndlich was her! Da wärd'ch awwer driem die scheene ahle Saline ooch ema widder frisch anbindeln.

So, for heide isses jenuch. Nu wär'ich Eich wo efdersch ma widder uff de Belle riggen.

*22. 7. 1988*

## De "Schteenerne Junkfrau" bei Deelau

Es is schon sehre lange her,
in welchen Jahre weeßch nich mehr,

da jabs in Deelau an dr Heide
gee eenzchen Bäcker, liewe Leide.
De Menschen liefen nach Leddin
un druchen da ihrn Brotdeech hin.
Naddierlich, bei den weiden Wäje
war das Jeschleppe enne Gläje!

Un da bassiertes ma een Mächen,
wie die bein Bäcker war, gam Räjen.
Nu wußte die sich gar geen Rat,
weil doch ihr Braitjam warden dat.

Jans dreewisch guckte se an Himmel:
"Der Bedrus hat jä wo e Fimmel!?"
Da heertes endlich uff zu dribbeln,
un Riekchen gonnte heemedibbeln.

Damit's recht schnell jink, lief se wacker
mit ihre Brode iwwern Acker.
Doch bei den Querfeldein-Jeflitze
schtand se uff ema vor ner Fitze.
Se dachte sich: "Was mach ich bloß?
Die Fitze is so riesenjroß.
Loof ich erscht um das Maium rum,
gomm ich noch schbäder - das wär dumm!"

Da nahmb se doch - ihr werd's nich gloom -
aus ihrem Gorwe, jlei von ohm,
zwee frischjebackene Brode her
un leejt die eenfach - das Malleer! -
in diese dreck'che Briehe rin
un hadde foljendes im Sinn:
Se wollte uff die Brode schteijen,
ums andre Ufer zu erreichen!!

Doch diese Sinde - das war richt'ch -
is jlei beschtraft worn, awwer dicht'ch:
Gaum setzte se uff's Brod ihr Been,
war se vrwandelt - in e Schteen!!

Bei Deelau draußen schteht das Weib
mit ihren schteenjewordnen Leib,
um alle Menschen zu belehrn,
das liewe Brod schtets hoch ze ehrn!

*3. 8. 1988*

## Bein Latärnfeste

Da bin ich doch weeßgnebbchen an Sonnahmde mit'n Schienenersatzvrgehr von Leipzch nach Halle jerammelt, bloß um endlilch ema widder es Ladärnfest ze erlähm! Mei gleener

Scheeks, wie mr hier sein jingern Bruder nennt, hadde forr mich jesaacht: "Großer, du gannst bei uns iwwernachten." Dadorch wars denn nich sone Schtrabbahze. Nach'n Gaffeedrinken simmr denn losjedaabert un ham uns ans Saaleufer jebrääzelt. Un ich muß saachen, de Saale mefft eejentlich nich mehr so schlimm wie frieher. Erscht hammr an dr Brommenade jehockt un ham den Drahtseilginstlern zujeguckt.

Denn gamn- wasses zu meiner Zeit noch nich jab - de Wellnreider vorrbeijefääjt. Der eene wollte barrdu mit Barweßbeen Wasserschie fahrn, awwer drauricherweise isse zweemah ins Maium jeborzelt.

Na, denn simmr niwwerjemacht in Amseljrund un ham uns e duftes Blätzchen ausjesucht. Da laach denn die scheene ahle Borch Jiewichenschteen iwwer dr Grellwitzer Bricke in ihrer jansen Bracht vor mir un schbiejelte sich in dr Saale. Bedrus hadde jä nu e Wedder jeliefert, besser wies anjegindcht war. Abrobo "liefern": Wärschtchen, Limo un Bier jabs zwarschtens, awwer wer Hunger un Dorscht hadde, der mußte sich de Beene in Bauch schtehn ...

Denn fink es Fischerschtechen an, bloß - Hallorn sinns nu geene mehr, sondern Reddunksschwimmer. Naja, werrweeß warum. Bei drehender Schlaachermussieke hammr denn uff de Dunkelheet jewart, bis de funklnden Gliehwärmchen anjeschwabbert gamn. Anschließend daden de jeschmickten Boote schtarten, besondrsch bei den gleen haddn se sich was einfalln lassen. Uff een da drethe sich e riesenjroßes Salzgärbchen. Weenichstens e Hinweis uff de Hallorn.

Na, un denn halb zähne es Feierwärk! Glei von zwee Seiten ballerten de bunden Raggeten in Himmel! Un dadrzu erdeente die wunderscheene Feierwärksmussiek. Ich gloowe, unsen ahln Freinde Jeorch Friedrich Händel häddn ooch de Drään in Oochen jeschtanden: Seine Festmussieke, dreihundertundrei Jahre nach seiner Jebohrt in dr Saaleschtadd. - Es war e Fest forrs Ooche un forrs Ohr!

Un wemm'r nu sein Jedanken freien Loof ließ, denn hadde mr bloß een jroßen Wunsch: Uff dr jansen Welt därfte bloß noch bei Feierwärken jeknallt währn ...

*2. 9. 1988*

## De ächte Ächtheet

Hat mr e Schmuck jeärbt von frieher,
bringt mr das Zeich zum Juwwelier.
Dr Juwwelier is jans jewieft:
Es wärd de Ächtheet iwwerbrieft.
Nu jäbt ihr mir beschtimmt jleich recht:
Bei uns is heite alles ächt ...
Nennee, ich mache geene Witze,
das Wärtchen "ächt" is ächte Schbitze!
Mit ächt jeht's in dr Schule los,
wer ächt saacht, der is ächt janz jroß.
Dr Underricht ist ächt belämmert,
de Lehrersch, die sinn ächt behämmert.
Drifft eenen Scheeks mah Amors Feil,
schon find der seinen Zahn ächt schteil,
wenn er se ooch noch gissen darf,
is so e Määchen jleich ächt scharf.

Läßt se ihr Vader nich zum Schwoof,
denn is der Altlatz ächt doof.
Als Lehrlink hat mr oft ächt Wut,
bloß noch dr Urloob is ächt jut.
Uff Gläje is mr ooch ächt sauer:
Dr Schäff nimmt alles ächt jenauer ...
Dusde ne Iesche denn ächt liemn,
wärd se uffs Schtandesamt jeddriemn.
De Wänster gomm ächt anjeborzelt,
du sitzt drheem - ächt anjeworzelt,
im Fernsähn guckste jeden Mist,
bis de um eens ächt miede bist.
Wer nu wie ich ächt hallisch quasselt,
denn denkt nich, der is ächt beschnasselt.
Baßt nur ächt uff bei mein Jeschichten:
Mr gann uff "ächt" ooch ächt vrzichten.

*14. 9. 1988*

## De Flaumschwämme

Manch eener hat schon mit'n Goppe jeschiddelt un sich jefraacht, warum an jeder booblichen Jemiesebude jroßschbuurich "VITAMINBASAR" dranschteht. Na jut, Weißgohl un Rotgraut ham ooch Widdamine. - Endlich gahm de Erdbäärn, se wordn jlei gärbchenweise vrgooft. Denn jabs de ärschten Dommaten, da hat mr sich noch anjeschtellt, weil mr jans jipprich druff war. Heite schmeißen se een die Dinger nach. Na, un wenn ich die frischen sauren Jurken schnuppre, da muß ich middn uff'n Zentraln Obst- un Jemiesemaarchte in Leibzch jlei eene in Schtehn vrschbuuln.

De jreeßte Schwemme jibbts jä nu bein Flaum: E Fuffzcher es Gilo! Naddierlich gann gee Mensch däächlich fundweise Flaum vrdricken, da gricht mr jä Wanstrammeln.

Nu mißte mr eejentlich annähm, daß ma e Schlaubärjer uff den Jedanken gähm, wie in ahln Zeiten dadraus Flaum-Mus ze machen. Ich hawwe mr jä äftersch welches aus Braach oder Garlowie Wahrie mitjebracht. Awwer wo heite bei uns alles mit Schlissel-Dechnolojien jeleest wärd, erfind velleicht ema eener enne "Schlissel-Dechnolojie forr Flaum-Mus" ...

Frieher hat meine Schwiejermutter uff'n Dorfe zwee Zentner Flaum in Waschhause in Gässel jeschmissen un jeriehrt wie ne Gabutte ... Nu mißt'r das ma heizedaache mit eirer Waschmaschiene browwiern, da wärdn awwer bei dr nächsten Drommel de Underhosen un de Bulloower glääm ...

*20. 9. 1988*

## Dr Glauch'sche Adel

Also, 's is jä wärklich schon enne Ewichkeet her, daß'ch in Halle es sojenannte Licht dr Welt erblickt hawwe. Erscht schbäder gricht'ch mit, daß mr in dr Zwingerschtraße wohn. Dadorch geheert' ich sozesaachen zum "Glauch'schen Adel" ...

Denn bin ich in de Daum-Schule jejang, nachmiddaachs ham'r de Jejend von dr Gommerjasse bis uff de Bulferweiden unsicher jemacht, un sonndaachs ham'r uns an Schteinwääje in de "Fettbemme" jehockt un uns Mickimausfilme anjeguckt.

Nu schteh'ich nach iwwer fuffzch Jahrn widder vor den Hause: Scheener isses nich jewordn. Uff ema märk'ich, daß iwwerall de Hinderhaiser abjerissen sin ... Naja, die Leite, die da jehaust ham, warn nich grade "färschtlich" underjebracht: Uff'n Flure een Ausjuß for vier Familjen, in dr Gammer bloß ne Bedrohljumfunsel, in Hofe de Aschengruwe un de Blumbskloos ...

Ooch die Hornsje, wo Zidder-Rinold jeläbt hat, jibts nich mehr. Daderfor ham se in dr Langeschtraße, Middelwache, an Schtäje usw. schnärbliche Neibaublocks ohne die duustern Hinderheefe hinjebaut.

E häbbchen wehmietch gann's e ahln Hallenser schon währn, denn frieher jab's in Halle ooch idillische Fleckchen, so mit Fachwärkhaisern un Bluumgästen vorn Fenstern ...

Neilich haww'ich jute Freinde besucht, die wohn an Schtäje in sibbzehnten Schtocke. Wie die de Balkongdiere uffmachtn, haww'ich awwer jeguckt: Mei janzes Halle laach ze mein Fießen, da Altes, dort Neies, hier un da ne Licke ...

Die heite da wohn, genn sich jargeen Bejriff mehr machen, wie das dazemah aussahk.

Nu hoff'ich bloß, daß dorch den vieln Gommfoor nich dr Glauch'sche Adel ausschtärbt ...

*5. 10. 1988*

# Es "Wallalla" wärd 100!

*Prommenende Ginstler sinn in Halles Musendempel ze Jast jewäsn*

Also, 's is schon e denkwärdches Juwweläum forr unser Halle, daßde das weit iwwer de Landesjränsen begannte "Steintor-Varieté" 100 Jahre alt wärd! Was nu e ahler Hallenser is, der nennt jä das noch immer liewevoll "Wallalla" ...

Wie das nu dazemah zeschtandejegomm is un was se vor Neinznhundert dort vrzappt ham, dadrvon hawwich geen blassen Schimmer, awwer das wärd unser Schtaddarchiwar Dr. Piechocke alles ausnanderglamiesern, der hat doch bei sowas es Bree.

Ich gann eich bloß das vrillustriern, was'ch selwer de letztn fuffzch, sechzch Jahre jeheert un jesehn hawwe. Wie'ch noch e gleenes Baaweduttchen war, sinn meine Eldern schon ins "Wallalla" jedraascht, um solche jroßen Ginstler wie den Musikgloon Grock, den Schonglör Rastelli, Charlie Rivel un seine Brieder oder de Trude Heesterberg nich zu vrbassen.

Jreeßer jeworden, gonnt'ch mr denn schon selwer iwwer den ulkchen Gloon Nuck ammesiern un iwwer Becker Bauln mit sein uff Halle jemintzen Schnärz "Dr Sultan von Glauche" un den ahln Galauer mit'n "Blähdbrähde". Schbäder ham mir gleen Scheekser den deutschen Meester in Ringkampfe, Hans Schwarz junjor, uffjelauert, der den langen Lawahn Ali Ben Abdu uff de Bredder jegnallt hadde.

Denn jab's e baar Jahre nischt ze lachen, da ham se eemfach es Warredee zujeschbärrt ...

Awwer nach fimfenvärzch, wie mir uns dranmachten, die Drimmer wegzeraim, fanden sich ooch bahle de ärschten Ginstler zesamm, um de Leite widder es häbbchen uffzemeeweln. Da fällt mir Maxim Falke widder ein, der in Halle zejar ema Fasching von Zaune jebrochen hat, un Heinz Quermann aus Köthen fink hier als Gongfrangsjee an. Ooch alle meejlichen Gomicker draten uff, so z. B. dr Schnapsvrgaifer Peppi Zahl, Herricht un Preil mit ihrn jelungn Sketschen, de 4 Brummers mit Jesank un wärkungsvolln Boängten un viele andre. Jroße Zauwerginstler ham uns vrgackeiert.

Neie Schterne an Schlaacherhimmel jingen uff: Fred Frohberg worde vom damalchen Direktor Dr. Kleine forr enne Schteindorr-Rewwie angaschiert, Helga Brauer schtellte ihre neisten Schlaacher vor. Susi Schuster jodelte nach Härzenslust. Mr gann se nich alle uffzähln.

Enne Oochweide war ville Jahre die Hesse-Rewwie "Dr Dans im Wandel dr Zeiden", das schmißche Schteindoor-Ballett un das dazemah iebliche "Frollein-Nummer".

Schtimmunk gam in Saal, wenn Günthi Krause, das Sonnenscheinchen dr Rebbubliek, de Ansaache machte! Den liem die 8 - 80jährichen velleicht ooch, weile so e richtcher Hallenser jewordn is.

Es scheenste Brojramm wär naddierlich nischt ohne es Dansorjester "Schwarz-Weiß", vor 40 Jahrn von Karl Meyer jegrindet unn jetz under Günther Beck.

In Loofe dr Jahre draten ooch viele indernazjenale Ginstler uff, so die Jazzer Acker Bilk un Chris Barber, de Schlaachersänger Karel Gott aus Braach, Rex Gildo un Roy Black, de Katja Ebstein un Lena Valeidis, um nur e baar ze nenn. Awwer ooch de "E-Mussieke" worde jefläächt: Gonzerte dr Hallschen Philharmonie under Olaf Koch un dr unvrjessne Jeijer David Oistrach zählten zu'n Heehebunkten.

So is denn in warsten Sinne des Wordes es "Wallalla" e Musendempel! Dr vielbeschäftchte Direktor Eschrich hat mr jeschildert, wie se jetzt 4 Monate rumjewärcht ham, um es Innere uff modern ze drimm! Bloß de Fassade sieht immer mächtch nackch aus. Na, vielleicht is ärjendwo noch e häbbchen Zaster iwwrich, daß unser liewes ahles "Wallalla" zum 100. ooch von außen scheen schmuck wärd ...

Ansonsten "Alles Jute!" un "Weider so!"

*25. 11. 1988*

## Hallescher Garnewal

In Halle un im Saaledaal,
da jibbts geen "ächten" Garnewal.
Es ist deswäjen nich jeschtreecht:
De meesten sinn nich uffjeleecht
forr so e närrsches Faschingsdreim;
se wolln am liebsten heeme bleim.
Es eenzche, wasses jibbt in Halle,
das is e Feez bein Maskenballe.
Der wärd denn ooch ze Fassenacht
in mancher Gneibe hier jemacht.
Daß mr sich anbutzt wie e Gloon,
vrschteht sich doch von selwer schon,
de Frau velleicht als Schbaanjerin,
sonst baßt mr nich in Fasching rin.
Damit de Oowrichkeet nich fählt,
wärd denn e Elferrat gewählt,
den ooch e Brässedente fiehrt,
der eene eenzche Nacht rejiert.
Wenn jeder nu sei Bierchen zicht,
ooch Wein un Schnaps, 's is jans eejal,

denn fählt doch balde wärglilch nischt
zum duften "hallschen" Garnewal ...

*13. 1. 1989*

## Zum Juwweläum im Wallalla

Nee, war das e Näwwel am erschten Fewrar, mr gonnte nich de Hand vorn Oochen sehn. Awwer wie'ch in de Nähe von Marx-Engels-Blazze gam, da sahk ich's funkeln: Dausende von Gliehbärrn an dr Fassade zeichten een in Wääch zum Steintor-Varieté, unsen 100jährigen "Wallalla". Jenauso schtrahlnd schtand dr Dirrekter Eschrich, der mit sein Leiten bei dr Rennewierunk dichtch mit jekläjt hadde, an dr Diere un emfink de Ehrnjäste, viel Brommenens drbei. Ooch meine ahln Freinde Günthi Krause un Fred Frohberg gonnt ich bejrießen - diesma als Zuschauer ...

Mich hadden se in dr 4. Reihe blazziert, e dufter Blatz - mitten vor den scheen Biehnbilde mit'n Roden Dorm un dr Marchtgäärche.

De Ansaache machte Heinz Quermann, dr "Normalverbraucher". So nannde sich vorr värzch Jahrn un jeheert dermit sozesaachen zum alten Inwendar. Der vrsuchte nu, 100 Jahre Warredee in Halle uffzerolln. Nich leichte, wemmer bedenkt, was so hier uffjedrähten is. Awwer das gennter alles nachläsen in den dicken Hefte, das de Einlaßdaam forr 10 Mark vrgoofen - e richtches Jeschichtsbuch ...

Denn fink es Ballett an mit'n "Junkferngrans", wie's dazema Mode war. Naja, wer weeß'n heite schon noch, was enne Junkfer is?

Abbrobo Ballett: 's war was forrs Ooche! Awwer mr sollte nich bloß den Määchens uff die scheen Beene gucken, sondern ooch in die hibschen un freindlichen Jesichter ...

Bletzlich worde de Zeene jewechselt, un es "Weiße Rößl" schtand widder uff. Ach Jott, da muß'ch dran denken, wie mir das vorr värzch Jahrn in "Saalschloß" jesehn ham. Denn schbielten se scheene ahle Schlaacher von Franz Grothe, so noch aus "unserer Zeit". Ich hadde bloß immer Angst, wie die vieln Sänger an ihrn langen Schtrippen zochen, daß sich ema eener vrheddert un uff de Gusche fiel ...

Also, es janse Brojramm gammer nich uffzähln. Nich bloß jedornt, ballanksiert un jezauwert worde, ooch dr Humor gam nich zu gorz: Bei dr Bandemieme jabs Feez un bei den Owergellner, der denn nachhär uffn Drammboliene rumjehubbt is, bei den hat enne Frau in Bubligumme jegwiegt, daß alles wackelte.

Ich hädde nu den Drabbeezginstler beneiden genn: Der hängte sich oom mit de Beene uff, leechte sich ne Schlinge um Hals, un dadran bammelten erscht eens un denn zwee Määchens! Das wär was for meine rammbenierten Halswärwel jewäsen ...

Als Schtarjast gam zum Schlusse Helena Vondrackova aus Braach. Daß die scheen singt, weeß jeder, awwer der ihr Kleed war enne Schoo forr sich: Als wenn se sich lauter schwarze Järtels um de Hifte gewärjt hädde.

Ja, es war wärklich e scheenes un langes Brojramm zu den Anlasse. Un wo jibbts'n noch so e duftes Warredee, das schon 100 Jahre uff'n Buckel hat?

*3. 2. 1989*

# Bei Händeln

Wer gennt'n nich den Schbruch "Dr Broffeet jilt nischt in sein Vaderlande"? Neinznhunnertsechsenvärzch is mir ma foljendes bassiert: Da hawwich uff'n Gadasteramte in Eislähm jegläjt. Wie'ch nu uff's Wohnunksamt un bei de Bollezei mich anmelden jink, gam ich an Martin Luther sein Jebortshause vorrbei. Wo ich denn forr die Eislähmer Gollejen jesaacht hawwe, daß'ch dadrinne war, fruuchen die mich:"Wo issen Das?" - Also, gloobtern sowas?

Nu ham mir jä in Halle ooch e beriehmtes Jebortshaus. Jawoll, von Jeorj Friedrich Händeln. Mr gemmt zwarschtens nich derrekt dran vorrbei, awwer an "Juten Buche" um de Ecke, von da isses nich weit.

Naja, ich jäwe zu, daß'ch ooch eewich nich dort war; un daß unser beriehmter Mussieker dies Jahr am 14. Abbril sein 230. Dodesdaach hat, hawwich ooch vorher nich ausjerechnet... Nee, ährlich, an een Daache war so richtches Mistwedder, un uff ema war ich drinne! Dr Grach von dr Schtraße war wie abjeschtellt. Mir wordes orndlich feierlilch ums Härze. Lautschbrecher in allen Säälen soorchten forr die neetchen Erläiderungen zr Ausschtellunk. An viel Beganntes gonnte mr sich widder erinnern, awwer mr lärnt ähmt immer was Neies drzu. Mr gann sich nach den vieln Bildern ooch alles deitlich vrillustriern iwwer die Schtazjonen in Händeln sein Lähm, iwwer die jroßardchen Obern un Orradorijen, zejar anhand von Biehnenbildern. Ooch die wunderscheen ahln Schämmballos, Fleeden un andre Inschtrumente machen ordnlich was her. Also, 's war wie ne halwe Schtunde Andacht ...

Nu solltn mr naddierlich nich ärscht uff ne anjesetzte Vranschtaltung zum Schtärwedaache warten, so wie mir das mit'n Lutherjahre oder ähnlichen Anlässen flääjen, un denn alle an den een Daache neinschtärzen. Nee, wenne ma bei belämmerten Wedder Schbazzierjank in Freien geen Feez macht, da gennte dr eene un dr andre - ooch mit Gind un Gejel-, sich dort ema widder umgucken nach den Moddo:

"Dr jroße Händel isses wert, daß mr als Hallenser ihn ehrt".

*10. 2. 1989*

# Dinnsdaachs in Zoo

Wie volls sonndaachs in Zoollochschen is, weeß jeder. Als Rentner laß'ch an Wochenenden 'n Werkdätchen 'n Vordritt. Dadrfor hawwich an Dinnsdaache meine Runde jedreht. 's war e ächter Jenuß: enne Ruhe weit un breet un geene Schlange an dr Wärschtchenbude. Ooch an dr Kasse geen Jedrängle. Dort gammer sich nämlich ofte ärjern: Da wärn außer Eindrittskarten ooch noch Ansichtskarten un alle meejlichen Suwweniers vrgooft, das mährt sich eewich hin. Ich wärde das nu drenn, awwer nach mr jehts jä nich ...

Da freit mr sich denn orndlich, wemmer die vieln rosan Flamminkos uff ihrn dinn Been schtehn sieht. Drjejen hamms de Diejer jetz belämmert: Vor den Gääfchen licht doch der Rohkohlehoofen (bis de Jaßheizunk fertch is). Na, wenn da ema e Windschtoß neinfäächt da wärn die aussehn wie de schwarzen Bander ...

Bein Elefanten is jä nu jetzt was los. Ze meiner Zeit war de Frieda noch jans alleene mit ihrn Leierkasten, heite "wimmelt's" da bloß so vorr Dickhaitern. Jejeniwwer die zwee Seeleem hadden sichs in dr Friehlinkssonne jemietlich jemacht schtatt im Maium rumzuflesseln. Ich hawwe mr denn in de Sonne uffs Gnärzchen un ins Bier schein lassen. De Jiraffe guckte, als ob se ooch Dorscht hadde. Na, wemmer der enne Limmo in de Gusche gippt, dauerts schon e Weilchen, bis die in Bauche angemmt. Es Nashorn schtierte schtubbiede vor sich hin, da bin ich denn ins "Schtreicheljehääje" jegleddert, das jabs frieher ooch nich. Mir hats dichtchen Feez jemacht, wie de Omas mit'n gleen Wänstern de niedlichen Zicken jeeiat ham. Da dacht'ch, warte, jetz hockste dr ma dort uff den Boomstamm. Awwer denkt ihr'n es hädde sich ema eene erbarmt un mich ooch a ma a häbbchen jeschtreichelt?

*21. 4. 1989*

## Uff dr Bricke

Also wärklich, ee Juwweläum jaacht es andre: Kaum isses Wallalla 100 jewordn, da feiert mr 150 Jahre Ferneisenbahne Leibzch - Dresden. Nächster Heehepunkt is in Juli dr 100. Jeborts-daach von unsen hallschen Jieterbahnhof, den manche velleicht nich ästemiern, weil se liewer mit'n Deezuche fahrn. Awwer er jeheert zejar zu'n drei greeßten Jieterbahnheefen in unsen Lande. Un wie solln ohne den enne Schtadd wie Halle samst dr umliejenden Därfer mit Fres-serei un alln Drum un Dran vrsorcht wärn?

Nu bin ich dazema nich drbei jewäsen, wie se den jebaut ham, awwer ich besinne mr noch jenau, wie's vor 50 Jahrn da zujejang is: Mir warn umjezoochen in de Krausenschtraße, un mei Babba gläjte bei dr Eisenbahn. Da jabs forr uns Schtifter nischt Uffreechnderes als wiede Berliner Bricke! Mir limmelten uns iwwers Jeländer un ließen uns 'n Damf von Lockschen um de Nase wedeln. Naddierlich wußt'mr, uff welchen Jleise de Zieche nach Gennern oder Gethen, nach Bitterfeld oder Dorjau fuhrn.

De greeßte Indresse hat'mr awwer forrs Rangschiern: De Jieterlock schob e Zuuch uff'n Rangschierbärch, un von da bräschten de Loorn runter un gorften wie von alleene uff vor-schiedne Jleise. Denn hubbten de Rangschierer drzwischen un leechten de Hemmschuhe uff de Schien. De Funken daten nur so schbriehn, un dr Hemmschuh worde gwietschend zr Seite rausjefeffert, de Waachens fuhrn lanksam zesamm, un dr Rangschierer groch drunter un kettelte se an. Das war ne dichtche Gläje!

Heitzedaache is das jreeßtendeels audemadesiert. Na, un heitzedaache schtelln sich de Wänster ooch nich extra uff de Bricke. Die ham heeme ihre ellektrische Eisenbahnanlache, da dricken se uffs Kneppchen un rangschiern in dr warm Schtuwwe - wenn nich grade dr Babba selwer damit schbielt ...

*9. 6. 1989*

## Uff'n Jahrmarchte

In der Schtorrie "Uff dr Bricke" hawwich doch anjedeit', daß mir frieher in dr Krausen-schtraße jewohnt ham. Dadruff schrieb mir Herr Rudi Pabst, dort hätte er als Gind ooch jeläbt, un denn dade beschreim, wie 's als Schtift uff'n Jahrmarchte rumjeschtranst is, der war doch dazema noch uff'n Roßblazze. Na, das warn scheene Eindricke, anjefang bein Doppmarchte in ehemaljen Schtraßenbahndebboe un bei Seiferts Oskarn mit 'n billchen Hosendrääjern un "ächt" silwern Leffeln. Da jaabs noch de Dame ohne Unterleib, denn eene, die se dorchjesäjt ham un eene, die 4 Zendner wooch. Jenau wie iche grichte Rudi dazema von dr Mudder 20 Fennje, 5 forr de Wunderdiede, 10 forr ne Färdeworscht un 5 forrs Garresell. An Riesenrad hadde sich ooch hinden hinjebräzelt un worde wäjen Gleichjewichte mit in ne halbleere Jondel jeschoom - forrnsonst un bis zwanzchma am Daache ...

Das hat mich nu anjereecht, den heitchen Jahrmarcht an dr Halle-Saale-Schleefe ma ze inschbieziern. Jlei vorne rechts is forr de Jingsten ne hibsche gleene Eisenbahne, un links lassen sich uff'n "Dornado" de jreeßern leschen rummährschlenkern. Frieher jabs jä noch de "Raupe", wo se sich under dr Blane jegnuutscht ham (na, wer hadn das heite noch neetch?) Aus dr Jeisterbahne heert mr wie immer es Jegrietsche, Gettengaresell un Audoschgooder sinn noch Mode un de gleen Bonnies griechen nochema 'n Drehworm. An Losbuden gammer schtäts e Hoofen Googelmoosch jewinn, un Wärschtchen, Eis un Zuckerwadde schtehn hoch in Gurse.

Wemmer nu als ahler Lulaatsch da driwwerdapert, gemmt een das zwar nich mehr so romanisch vor wie frieher, awwer wer mit Gind un Gejel anjedraascht gemmt, hat sicher sein Feez. Allerdinks wärd nischt diepisch Hallesches jeboden. Na, un de ahln verrosten Fliejer dadrvor den dät'ch nu ooch lanksam bei de nächste SERO-Annahmeschtelle bringen ...

*18. 8. 1989*

# Uff'n Jaljenbärje

Die Daache bin ich widder ma uff'n Jaljenbärj jeheggert. Vorne, wemmer von dr Eßbahn nuffmacht, denkt mr, de Schtaddväter missen doch vrjessen ham, daß es da drhinter e Naherholunksjebiet jibt: De Dreppen zrrammelt, daß mr sich de Gräten brechen gann, de Wääje zujewachsen, Jerimpel iwwerall, ach, du griene Neine!

Frieher ham mir als Wänster de Liewesbäärchen uffjeschteewert un als Halbwiechsje selwer dort rumjeknutscht. De junken Leite heizedaache ham solche vrschwiejen Fleckchen nich mehr neetch ...

Ich bin denn uff den ahln Wasserdorm jegraxelt, von da is de Aussicht iwwer unse Schtadd immer noch sähnswert. Unten fääjen zwarschtens de Autos iwwer de Schtaddautobahne, un de Eßbahn gemmt anjegoorft, awwer es Bannerama licht orndlich zum Begucken vor een: Vorne de Baulusgärche, de Marchtgärche, links es Grämmadorijum, denn dr Wasserdorm Nord un der in Sieden, drzu die vieln Hochhaiser am Horrezonte.

Wie'ch nu so hinjedapert bin, schtand ich uff ema vor e scheen bunten Schilde. Dadran wurde beschriem, daß hier e "berriodischer" Deich licht, der bloß bei Räjen voll is, un daß in den Maium zejar Molche lääm! Weiter ohm es nächste Schild, da schteht dran, daß uff'n Jaljenbärje värzch Voochelarten brieten. Na, die schteert ähmd hier geener ...

Endlich war ich uff'n heechsten Bunkte - un de erschte Bank. Da hawwich denn ne Fuffzn jemacht. Von hier aus guckt mr nu in die andre Richtunk: Iwwer de Neibauten in Drohte, unsen Hafen, iwwer die vieln Schräwerjärten "schweift" dr Blick bis nach'n Bederschbärje, den heechsten Jipfel in Saalgreise.

Unter mir dr diefe Grater, dadran ergennt mr, daß das e feierschbeijender Bärj jewesen is. Na, ich hawwe mir vorsichtshalwer nich lange dort ohm uffjehalten ...

Abbrobo Vorsicht: Rinksrum is jetzt e Jeländer anjemacht, damit geener nunterborzelt. Als

Schtifter sinn mir da naddierlich rumjeklettert. Heite sinn lauter Schtraicher an Abhange, un wer is dadran schuld?

De Veejel ... Uff enner Dafel schteht nämlich, daß die de Saamkärner uffbicken, un weil die unverdaulich sinn, kacken se die an Felsenglippen widder raus - un denn wächst dort es Jebisch. Schlau, wa??

Awwer eens weeß'ch nur: Wenn ich widder mal meine Ruhe ham will, dort gammer se finden ...

## Nu schreiw'ich offen ...

Ich habb schon frieher hier im Land
mir meine Gusche oft vrbrannt.
Jleich nach'n Krieche schrieb ich Sachen
un wollte alles besser machen.

Ich war schon immer sehre grittisch,
doch dähn da "ohm" war's zu bolittisch.
Es hieß, wemmer was saachen dat:
"Der hat was jejen unsen Schtaat!!"

Bracht'ich ma was bei een Vrlaach,
dr Herr Direktr ängstlich schbraach:
"Wo lähm Sie denn ?? Mann, hamm Sie Mut!
Das druckt gee Mensch. Das jeht nich jut!"

Drum dichtete ich h a l l i s c h weiter,
da glang Griddick e häbbchen heiter ...
So haww'ich manches hinjegriekelt
un in Brobbleeme neinjegiekelt!

Nu schreiw'ich offen - Jottseidank!
De Glabbe halten macht mich grank ...

*Dezember 1989*

## Neijahrsjrieße

Vor'n Feste hamm jä de Briefdräjerschen wärglich ihrn Draasch! Wer da so alles an wen schreim dut. Bei mir im Gasten schtaak e Brief an "Mister" Krause, der gam berr Luftbost aus Ammerega, un zwarschtens von Gertrude un Walter L a n g e aus DoverPlains bei Ju Jorg! Die griechen von Hirschfelds aus Halle meine "Schnärzchen" iwwern Ozjan jeschickt un frein sich wie de Gabutten iwwer jeden zimftchen halleschen Ausdruck. Se sinn beede schon iwwer achtzch un sinn dazema bei dr Wäldwärtschaftsgriese in de Staaten ausjewandert, weil se hier geene Eggsistens mehr haddn.

Heite is das ofte umjegährt: Da haun welche ab, die hier ihre Gläje haddn un schtreem dahin, wo's schon jenuch Arweetslose jibbt. Awwer das bloß so nähmbei ...

In den ohm jenannten Briefe schreim nu de ammereggahn'schen Geka-Fänns, dasse es Jeschähn in unserm Lande, in Halle, in Leibzch un Berlin an Bildschärme mit Indresse vrfoljen. Naddierlich hawwich nich lange jefackelt un jlei jeantwort'. Dadrbei gonntch mr nich vrgneiben, ze schreim, daß ich hoffe un winsche, daß alles scheen friedlich weiderjeht. Un das is ooch das, was ich Eich allen mit uff'n Wääch jääm will: Es neie Jahr soll forr jeden noch viel Jutes bring' - un geener soll uns alles widder gabuttmachen!

*3. 1. 1990*

## Händel zur W e n d e

Herr H ä n d e l schteht uff unsen Marchte
un illert bei'n Freind Roland hin,
doch wie 'e den sich so beschnarchte,
da dacht'r sich in seinem Sinn:
"Der Scheeks schteht mit sein' Futtche da
un saach nich 'Nee' un saacht nich 'Ja' ...

So ham de Hallenser jeguckt
schon 40 finstre Jahre lank,
se hamm nich offen uffjemuckt
jejen den 'sozjalist'schen Jank',
Doch saache ich, dr Händel, ährlich:
Es war ooch immer dichtch jefährlich!

Ich sah hier ohm von mein' Podeste,
wenn alle demonschtriern mußten,
so manchen mit 'ner dreckchen Weste,
un geen Aas draute sich zu husten ...
Es worde bloß im Schtill'n jewitzelt,
denn alle fihlten sich beschbitzelt!

Mei armes Halle worde ärscht
im letzten Krieje mächtch zrtrimmert.
Dann gam so mancher "rote Färscht",
doch geener hat sich drum jekimmert:
Se jaben preis mei altes Halle
dem unuffhaltsamen Verfalle ...

Uff eemah, in nur ween'chen Schtunden
- ich traue gaum noch meinen Oochen -
hamm sich de Menschen iwwerwunden
un sinn drjejen uffjezoochen:
Se hamm den Böhme fortjejocht
un manchen Borschen einjelocht!

Zur DEMO reckten sich de Hände,
'Mir sinn das Volk' so riefen alle!
Ich dachte mir: D a s i s d e W e n d e !
Nu war ich widder schtols uff H a l l e !
Doch will ich Eich zu frieh nich lohm',
drum ruf ich von mein' Sockel ohm:

Ihr habbt's jeschafft - ihr habbt jewonnen!
Jeebt nie de Macht mehr aus dr Hand!
Seid eenich, ruhich un besonnen,
Bleibt h i e r un glääjt forr Eier Land,
dann seid ihr - näben Leibzch un Dresden -
forr mich als H A L L E N S E R de Greeßten!"

*März 1990*

## Freide üwwer Schnerzchen

Mr soll doch in sein Lähm eftrsch ema a Menschen enne Freide machen, besondersch denjeenjen, die's vrdient hamm. Eener dadrvon is jä nu wärglich dr Außenminister Hans-Dietrich G e n s c h e r . Der vrausjaabt jä sich färmlich, ooch forr seine alde Heemat, Heite isse schon widder da - awwer diesma offizjell. Jeder weeß velleicht drweile, dasse in Reideboorch jebohrn un in Halle uff de Penne jejang is. Mr märgt als ahler hallscher Scheeks ooch, wenn dr Minister ma ne Anschbraache in Bundesdaache hält oder vor'n Vreinden Nazzjonen oder in Grämmel, dass den "ächt hallschen Doonfall" nich vrleichnen gann, ooch wenn'e sich e "hartes B" un e "hartes D" anjewehnt hat. Awwer das machtn äher noch simbadischer. - Na, un in dr EllDeePee war'r dazema ooch.
Nu isse doch im Dezember in Halle jewäsen. Ich hadde ze schbäte Wind drvon jegricht. Da haww'ich'n eemfach ze Weihnachten e paar von mein hallschen Jedichten jeschickt. - Nachdäm'e nu de indernazzjenaln Jlickwinsche erwidert hadde, gricht'ich denn ooch enne jans freindliche Antwort, un er hädde sich iwwer de hallschen "Schnärzchen" dichtch jefreit! Ich hadde nu noch was jans Berrseenliches drzu jereimt:

Es denkt in Halle an dr Saale
so mancher Liberale:
Es lebe nicht nur das "Scheund Wenscher",
hoch lebe auch unser Freund Genscher!

Velleicht zeichte den Värsch aus lauter Feez ooch ema sein Gollejen Schewardnadse (das läßt sich uff hallisch nich besser schreim) oder jansenjar Gorbien selwer ...

## Mei Salzgärbchen

Wenn ich noch vor'n dreivärtel Jahre uff dr Gläje jesaacht hätte, daß mir Besuch aus'n Westen griechen, da hättes dr Herr Jenosse Diregtr jlei in Gopp jegricht un mir als "Egsbärdn" enne dichtche neinjewärcht!

Dieser Daache nu bimmelts uff eema bei uns, un enne schnärbliche junge Dame schteht vorr dr Gorredordiere: Enne Nichte "von driem", die mir dreißch Jahre nich sähn dorften, dazema war se jrade fimfe ... Nu guckte se sich naddierlich e häbbchen um in unser gleen Neibauwohnunk, da fiel sr ihr Blick uff eema uff mei Salzgärbchen, das in Biwwee sein Ährnblatz hat: "Onkel Günter, was ist denn das Schönes? Was, das ist ganz und gar aus Salz??" - Naja, die Gleene gemmt aus Dortmund, da dut die ähmd "feiner" schbrechen wie ihr ahler Onkel ...

Da hawwich sr denn erzählt, wie'ch bei'n Fingestbiere von unsen Hallorn e baar von mein Jedichten vorjedraachen hawwe un dadrfor das zimftche Andenken jegricht hawwe. Von all dän hatte se jä nu iwwerhoobt gee Häbbchen Ahnunk, awwer mit duften Foddegrafien hawwich sr denn orndlich was von unsen ahln Salzwärkern un von dr Jrindunk meiner Heematschtadd Halle vorjeschwärmt, so dasse mr balde mei scheenes Salzgärbchen abjegaubelt hätte ...

## Bin ich nu "Geenich"?

's worde schon viel iwwer Säjen un Unsäjen dr Deemark jesaacht un iwwer de Vrsorchunk jeschimpft. Ewas Bosetiefes hawwich mit enner jewissen Jenuchduunk rejistriert: Mr wärd viel heflicher un freindlicher bedient wie frieher! Das macht ähmd de Gonggerrens ... In enner deiern Gneibe schtand nähm mir jeduldch de Gellnersche un dat warten, bis'ch de Schbeisegarte ausjiwich schtuddiert hadde. Obwohls ne Datsache is, daß de Jäste mit dr harten Währunk gnausricher mit'n Drinkjelde jewordn sinn ...

Ooch in Goofhalln un gleen Dante-Emma-Lädens dun se een beratn un emfähln, mr gann sich zejar de Abbelsien, de Giewies oder Färrs'che selwer aussuchen. Enne ältre Vrgaiferin fraachte mr zejar: "Ist es recht so, der Herr?" Der war's anscheinds nich glar, daß'ch bloß e jewehnlicher hallscher Scheeks war, awwer 's dut een jut ...

Naddierlich jibbts ooch schone widder Iwwerdreiwunk, so wie mir Deitschen ähmd jerne von een Eggsdreem ins andre falln: In e vornähm Dahmkomfeksjoonsladen, wo sich es Vrgoofsbärrsenal frieher gaum um een jegimmert hat, wollten jlei zwee Vrgeiferinn meiner Madamm mit Jewalt e lillanes Gleed uffschwatzen, obwohl die ihrn "letzten Vrsuch" schon lange hinter sich hat ...

*14. 7. 1990*

## Neinneinzchj Fennje

Es erschtema is mr das uffjefalln, wie'ch vor een Jahre in Westberlin rumjedaapert bin: Uff alln Breisschildern schtand hinterm Gomma nach dr Deemark immer noch enne gleene...99. E Fund Bohngaffee siem Mark neinneinzch, enne Dafel Schockelade oder e Schticke Seefe 99 Fennche, enne Schienshose neinvärzch Mark neinneinzch usw. Ich hawwe ooch beoowacht, daß sich de "Westfraun" alle den Fenk ham rausjähm lassen.

Bei uns in dr Goofhalle gonnte mr drjejen erlähm, wie viele Kunden, wenns meinswäjen 48,67 Mark Ost machte, e Fuffzchmarkschein hinlejen daten un forr de Gassiererin saachten: " 's schtimmt so" ...

Jetzt ist das bei uns ooch so wie driem. De Männätscher saachen, das is Vrgoofspsicholochie. Die 99 Fennche wärde jarkeener wahrnähm, wo's doch awwer rund enne Mark mehr ist.

Neilichst hawwe ich ahler Gaakesel mir ooch ema so e ärres Dieschärt jegooft mit e scharfen Bilde vorne druff: neinzn Mark neinneinzch. In enner Anwandlunk leech'ich dr Vrgaiferin 20 Mark hin und saach so aus Feez: "Machense sich von den Rest e duftes Wochenende..." Da leeft die jans uffjereecht hinter mr her und blääkt: "Nähm Se sofort Ihrn Fenk! Ich gennte den Jedanken nich erdraachen, daß Se heeme erzähln, Se hätten bei mr forr e Dieschärt 20 Mark jeblecht ..."

## Hallisch forr juh

's is wärklich nich leichte, Mundart ze schreim, de Schriftsetzer bein Vrlaache genn dadrvon ooch e Lied sing ... Awwer 's jibbt geene hallesche Ortejrafie, 's reene Jefiehlssache. Nach dr Wände dut mr awwer schtatts Jefiehl "Fiehlink" saachen. Un da simmer schon bein Deema.

Jahrelank ham unse Owerschieler russ'sch jelärnt, gee Aas schprichts mehr. Englisch hamm bloß weenje jehabbt, awwer jeder Bobans jebraucht ameregaansche Ausdricke, un die nu uff Hallisch schreim, is schocking! Da sinn unse Nachbarn zum Wiekende uff ihre Datsche jegutscht (Datsche is noch de eenzche russ'sche Woggaawel) un ham sich in ihrn Schwimmingbuhle rumjesiehlt. Den ihr Altlatz "Dädd" hat sich e Hoomdrääner in Geller jebaut un will sich sein Schmäärbauch abrammeln. Den ihre jingste Iesche, schprich Dienäätscher, jodelt nich mit ins Jrine, die zerrt ahmds de zrfetzten Schiens un e enges Dieschärt iwwer de Dallje, schteilt sich de Borschten un määkabbt sich wie de Monnroo'n un diejert guul in de Dißgo. Dort dut se e Singel, was frieher e Junkjeselle war, uffreißen, un damit daß der weeß, wasse von' will, blääkt se so dorch den ohrnbedaimten Grach: "Ei laaf juh, mei Daarlink ...".

Wie'ch noch e gleener Schtift war, gahm dorch Glauche immer dr Lumpenmann un sammelte ahle Glamotten. Nach'n Grieche worde de SERO uffjemacht. Wenn heite eene ihre Gittelschärze zrschlaazt hat oder's schtehn leere Schnapspulln rum, macht mr als moderner Mensch "Ressaikling".

Nu jääbs noch e Hoofen sonne Ausdricke, die gennt'r alle selwer, awwer neilichst hat sich mei Neffe iwwer mich ammesiert. Der meente forr mich: "Onkel Jinter, mir jehn in de Jaljenbärchschlucht, da is heite "OBEN-ER-Konzert". " Da hawwich den jans vrdutzt jefraacht: "Seit wann indressiersten du dich forr Kärchenmusik?"

## Jastfreindschaft

Diesma war ich von Hallorn zum Ladärnfeste einjeladn: Um zwelwe uff'n Bahnhofe Emfank an Sonderzuuche aus Hildesheim, denn mit Musike de Leibzcher Schtraße nunter, vorneweck de Hallorn un enne zempe Blaskapelle "von driem". Uff'n Marchte Bejrießunk dorch'n Owerbärjermeester mit Salz un Bemme. Also, wenn ich an den seiner Schtelle wärr, dät'ch de Salzwärkerbriederschaft awwer dichtch uffäbbeln denn mit dän da gennte mr noch viel mehr Schtaat machen! Welche Schtadd uff der jansen Welt hat'n schon Hallorn außer Halle?

Denn jinks los mit'n Schtaddrundjange. De Halle-Informatzjon hatte dadrfor 10 Schtaddfiehrer uff de Beene jebracht, die die 700 Jäste rumjefiehrt ham. De Meenunk von dn Besuchern: Halle is sähnswärt, awwer e häbbchen runterjekomm ... Naja, der Wääch dorch de Mansfelder Schtraße bis an de Saline is jä warrhaftch gee Barradeschticke ...

Nach fimfen kraxelten de Hildesheime uff de Bärchschänke nuff, wo mir schon rumhockten. " 's war ne jute Iddee, de Bartnerschtadd zu unsen "scheensten Feste" einzeladn un da ohm ze blazziern. Wie nämlich de Gliehwärmchen uff dr Saale anjeschwabbert gamn un de beleichten Boote, da schperrten unse Freinde awwer de Oochen uff! Un denn noch es Feierwärk mit Händeln seiner Musike, da jaabs "Aah" un "Ooh". Geener hätte jegloobt, daß Halle sowas Schnärbliches ze bieten hat.

Nu hatt'ch jä da ohm uff den scheen Fleckchen sozesaachen "hautnahn" Gondakt un hawwe manches Wärtchen uffjeschnappt, un da dacht'ch so forr mich: " 's jibbt heite hier un ooch driem manchen, der ärjendewas rumzemäkeln hat, die erinnr ich an de letzte Zeile aus mein

Ladärnfestjedichte mit'n "eenchen Volk von Briedern". Das soll heeßen, mir wolln nich eener 'n annern sei Deiwel sinn. Wemmer uns alle scheen vrdraachen, den gomm'r schon mitnandr ins Jeschicke!

*1. 9. 1990*

## Hallornguuchen

Värrzn Daache nach'n Ladärnfeste jaabs bein Hallorn schone widder ne dufte Feete: "Junk un alt". Das ist e zimftches Familjenfest, bei dem von ältsten Hallorn Herbert Werge (79) bis zu den zwee gleen Schtiftern von dr Hallornfamilje Kreß, jenau so wie de Freinde dr Salzwärkerbriederschaft ("Schwaacher" jenannt), mit von dr Bardie sinn. Un alle in Ziwwiel, wie jans "normale" Bärjer.

Wo's noch halwäjens ruh'ch war, dat dr Schwaacher Prof. Dr. Mrusek, der sich vor fimfenzwanzch Jahrn mächtch ins Zeich jeleecht hat, daß de Saline nich abjeruppt worden is, e baar Schbriche aus Luthers Dischjeschbrächen vordraachen. Da leecht mr uff eema dr Vorschteher Achim Moritz e Schticke Hallornguuchen uff'n Deller, un denn jaabs "gongreete" Dischjesprääche! Dr Bäckermeester Karl Kolb, ooch e Schwaacher, fraachte mr: "Na, sowas hamm Se woh noch nie in Ihrn Lähm jeschpachtelt, wa?" Nee, hatt'ch wärglich nich ...

In jrauer Vorzeit ham de Hallornfraun den Guuchen (so ne Art Sandguuchen) nach ihrn Jeheimrezäpte selwer jebacken. Nu warn jä de Hallorn arme Deiwels, da war der denn immer e häbbchen drocken. Bis in de fuffzcher Jahre hat'n Bäcker Karl Wernicke in dr Jeistschtraße zusammjeriehrt, der is awwer drweile jeschtoorm, un die scheene Fensterscheiwe mit dr Joldschrift ham de Luumiche zrdeppert.

Jetzt will nu de Briederschaft von Schwaacher Kolb Hallornguuchen forr alle Hallenser un de Jäste dr Salzschtadd backen lassen, der denn ooch in Gonditterein jegooft wärn gann. Damit das nu de Leite geene Schtooblunge griechen, wolln se noch e baar Gorrinden un schnärbliche Jewärze neinmährn, dasse e häbbchen saftcher wärd. Ooch de richtche Backform wärd noch ausjegnoowelt un e hibscher Gardon ausjediftelt ...

Na, wenns soweit is, wärn de Hallorn schon "Wärwunk" machen, un denn gennt'r ma browwiern, ob dr eenzche Hallornguuchen, den's in Weltalle jibbt, ooch achelt ...

Inhalt Seite